Renate Ettl

Das Westernreitabzeichen

Anforderungen · Theorie und Praxis
Prüfungsfragen und -antworten

Die Deutsche Bibliothek – CIP-Einheitsaufnahme

Ettl, Renate
Das Westernreitabzeichen : Anforderungen, Theorie und Praxis,
Prüfungsfragen und -antworten / Renate Ettl. –
München ; Wien ; Zürich : BLV, 1999
   (BLV Pferdepraxis)
   ISBN 3-405-15511-8

Bildnachweis
Alle Fotos Renate Ettl außer:
Erwin Escher: S. 109

Grafiken: Kerstin Diacont

Umschlaggestaltung: Werbeagentur Sander und Krause, München
Umschlagfoto: Renate Ettl

Layout und Satz: Kerstin Diacont, Neu-Isenburg

Herstellung:Manfred Sinicki

Lithos und Filmbelichtung Lanarepro, Lana bei Meran (Südtirol)
Druck und Bindung: Neue Stalling, Oldenburg

BLV Verlagsgesellschaft mbH
München Wien Zürich
80797 München

© 1999 BLV Verlagsgesellschaft mbH, München

Das Werk einschließlich aller seiner Teile ist urheberrechtlich geschützt.
Jede Verwertung außerhalb der engen Grenzen des Urhebergesetzes
ist ohne Zustimmung des Verlags unzulässig und strafbar. Das gilt
insbesondere für Vervielfältigungen, Übersetzungen, Mikrover-
filmungen und die Einspeicherung in elektronischen Systemen.

Printed in Germany • ISBN 3-405-15511-8

BLV PFERDEPRAXIS

Renate Ettl

Das Westernreit-abzeichen

Anforderungen · Theorie und Praxis

Prüfungsfragen und -antworten

1. INHALT

Seite 06 — Vorwort

Das Westernreitabzeichen in Bronze — Seite 07

Seite 11 — Pferdekunde

Haltung, Fütterung, Pflege — Seite 27

Seite 44 — Krankheiten

Die Ausrüstung — Seite 57

Seite 65 — Ausbildung und Reitlehre

1. INHALT

Reiten im Gelände — Seite **79**

Reiten auf dem Turnier — Seite **88**

Tierschutz — Seite **92**

Erste Hilfe — Seite **94**

Die Prüfung — Seite **98**

Anhang — Seite **108**

Die ethischen Grundsätze — Seite **110**

Vorwort

Die Westernreitweise ist in Europa noch relativ jung, doch die Entwicklung dieses Reitsports erfolgte rasend schnell. Vor etwa 30 Jahren ahmten die ersten „Aussteiger" die Reitweise der amerikanischen Cowboys nach, zunächst waren es hauptsächlich Freizeitreiter, die mit dieser Reitweise einen angenehmeren Weg gefunden haben, die angestrebte Harmonie und Freundschaft zum Pferd zu realisieren.

Mittlerweile hat sich die Westernreitweise zu einem ernstzunehmenden Reitsport entwickelt, der durch die Regeln auf Turnieren und Wettbewerben in geordnete Bahnen gelenkt worden ist, aber dennoch Platz lässt für die individuelle Behandlung von Pferden. Der ungezwungene Umgang und die spezifische Ausbildung der Pferde ist trotz der rasanten Entwicklung zu hochklassigem Pferdesport erhalten geblieben. Die Westernreitweise ist ein Beispiel dafür, dass viele Wege zum Ziel führen, wobei die Individualität der Behandlung und Ausbildung zur positiven Entwicklung des Pferdesports beigetragen hat. Der Westernreitsport findet sowohl im Turnier- als auch im Freizeitbereich immer mehr Anhänger. Das Bestreben, das reitsportliche Können und Wissen unter Beweis zu stellen, tritt dabei immer deutlicher zutage, weil damit die Akzeptanz der Reitweise in besonderem Maße erreicht werden kann. Die Prüfung zum Westernreitabzeichen Bronze ist eine Möglichkeit, den Beweis zu erbringen, dass man sich mit der Westernreitweise einer qualifizierten Reitsportart widmet.

Beim Westernreitabzeichen werden praktische und theoretische Kenntnisse verlangt.

3. Das Westernreitabzeichen

Das Westernreitabzeichen in Bronze

Die EWU.

Die Prüfungs-
anforderungen.
Die Theorie.
Die Praxis.

3. Das Westernreitabzeichen

Die EWU

Die Erste Westernreiter Union Deutschland (EWU) wurde 1978 gegründet und hat mittlerweile über 7000 Mitglieder. Sie ist damit der größte Westernreitverein Deutschlands und seit 1993 Anschlussverband der Deutschen Reiterlichen Vereinigung (FN). Seit dem Jahre 1993 hat die EWU auch das Westernreitabzeichen in Bronze eingeführt, das von der FN anerkannt wird. Zwei Jahre später wurden die Bestimmungen für das Westernreitabzeichen in Silber festgelegt. Das Westernreitabzeichen in Gold hingegen wird von der EWU an verdiente und erfolgreiche Reiter verliehen. Immer mehr Westernreiter sind bestrebt, das Reitabzeichen als Nachweis für ihre reiterlichen Fähigkeiten und Kenntnisse zu erwerben.

Die Prüfungsanforderungen

Die EWU hat das Westernreitabzeichen für alle interessierten Westernreiter eingeführt. Die Reitabzeichenabsolventen müssen Mitglied in der EWU oder in einem der FN angeschlossenen Verein sein. Um die Prüfung erfolgreich zu absolvieren, ist eine fundierte Vorbereitung wichtig. Obwohl die Anforderungen einen entsprechenden Level aufweisen, ist es nicht notwendig, Turnierreiter zu sein, um die Prüfung zu bestehen. Auch dem Freizeitreiter ist es nach gründlicher Vorbereitung und qualifizierter Kenntnisse möglich, die Prüfung erfolgreich abzulegen. Die EWU schreibt einen Vorbereitungslehrgang vor, den alle Prüflinge besuchen müssen, um zur Prüfung zugelassen zu werden. In diesem Vorbereitungslehrgang wird das bereits erarbeitete Wissen vertieft und das reiterliche Können verfeinert. Es ist nicht möglich, die Fülle des Stoffes während der paar Tage Vorbereitungskurs erst zu lernen, die selbständige Vorbereitung ist deshalb unerlässlich. Vielmehr bedeutet der Pflichtlehrgang eine Wiederholung, Vertiefung und das Abchecken des Wissensstandes, damit nur Teilnehmer zur Prüfung antreten, die auch gute Chancen haben, diese zu bestehen.

Vorausgesetzt wird ein grundlegender Wissensstand über das Pferd und das Reiten, auf dem die Prüfungsvorbereitung aufbaut. So müssen bestimmte Grundlagen wie Kenntnisse über die verschiedenen Abzeichen des Pferdes (Blesse, Schnippe usw.), Grundlagen der Pflege (Putzen) sowie Satteln und Aufzäumen des Pferdes vorausgesetzt werden, um sich anhand dieses Buches auf die Prüfung vorbereiten zu können. Des weiteren wird darauf verwiesen, dass für die korrekte Beantwortung von Prüfungsfragen stets das aktuelle EWU-Regelbuch gültig ist.

Die Theorie

Sicherlich ist so manche Theorie grau und die Vorstellung über stupides Auswendiglernen bestimmter Regeln und Vorschriften veranlasst viele Reitbegeisterte, sich einer Prüfung wie der Reitabzeichenprüfung möglichst zu entziehen. Man möchte doch viel lieber Spaß am Reiten und Umgang mit Pferden haben, als in langweiligen Büchern zu lesen, deren Inhalt man sich doch nicht einprägen kann.

Die Theorie gehört aber nunmal dazu, denn sie ist verantwortlich dafür, dass man es auch in der Praxis richtig macht – zum Wohle von Reiter und Pferd. Vor dem Können steht immer das Wissen, doch muss man beides nicht immer strikt trennen. Vielmehr kann die Theorie interessant werden, wenn sie in die Praxis eingebunden wird. Die Bestandteile des Westernsattels beispielsweise kann man sich viel besser einprägen, wenn man sich einen Sattel als Anschauungsmaterial herholt und mit Hilfe des Buches die einzelnen Riemen und Lederteile bestimmt. Es macht auch mehr Spaß, in der Gruppe zu lernen. So kann ein regelmäßiges Treffen von Gleichgesinnten dazu beitragen, in Theorie und Praxis zuvor ausgewähl-

3. DAS WESTERNREITABZEICHEN

Die praktischen Anforderungen verlangen ein rittiges und zuverlässiges Pferd sowie eine gute Grundausbildung des Reiters.

te Themen durchzuarbeiten, die für die Prüfung maßgebend sind. **Das theoretische Wissen steht immer vor dem praktischen Können.**

Der begeisterte Westernreiter und interessierte Pferdefreund wird über viele Themen bereits umfassend Bescheid wissen, andere Themen geben Anlass zur Diskussion, weil manches Ansichtssache ist, wieder andere werden aber auch völlig neu sein und den Horizont des Reitabzeichenabsolventen erheblich erweitern. Die theoretischen Anforderungen

3. Das Westernreitabzeichen

für das Westernreitabzeichen in Bronze stellen eine fundierte Basis dar, die notwendig ist, um dem Pferd ein artgerechtes Leben ermöglichen zu können. Das umfassende Wissen schützt außerdem vor tierquälerischer Handhabung, die im Umgang oder beim Reiten von vielen sogenannten Pferdefreunden aus Unwissenheit oder Gleichgültigkeit Anwendung findet. Somit bereitet der Theorieteil nicht nur auf die Prüfung fürs Westernreitabzeichen vor, sondern kann auch als Test angesehen werden, ob die notwendige Basis vorhanden ist, um artgerecht mit Pferden umgehen zu können.

Die Praxis

Die praktischen Anforderungen sind ebenfalls einem Niveau entsprechend, das die Grundlage für einen artgerechten Umgang mit dem Pferd bildet. Ein korrekter Sitz, gute und feine Hilfegebung sowie ein sicherer und ruhiger Umgang mit dem Partner Pferd sind Voraussetzungen, die der Reiter mitbringen sollte. Das Pferd selbst muss kein Turnierpferd sein, allerdings sollte es eine vielseitige Ausbildung genossen haben, gut durchgeritten sein und die Aufgaben im Trailparcours und Gelände willig und gelassen erledigen.

Da der Sitz die Grundlage der korrekten Hilfengebung und somit guten Reitens ist, wird in der Prüfung sehr großen Wert darauf gelegt. Bewertet wird der Sitz und die Hilfegebung hauptsächlich im Prüfungsteil Horsemanship. Viele sogenannte „Wald- und Wiesenreiter", die niemals ernsthaften Reitunterricht genossen haben, mit vorgestreckten Beinen, rundem Rücken und unruhiger Zügelhand reiten, haben wenig Chancen, sich innerhalb weniger Tage während des Vorbereitungskurses noch umzustellen. Deshalb ist auch in der Praxis bereits ein gutes Basiskönnen erforderlich, um den Prüfungsanforderungen des Westernreitabzeichens in Bronze gewachsen zu sein. Im Vorbereitungslehrgang kann nur noch an Feinheiten gearbeitet werden, um sicher und souverän in die Prüfung gehen zu können.

Der Reiter muss in der Horsemanship einen guten Equitationsitz zeigen und sein Pferd in allen drei Grundgangarten vorstellen. Dabei ist es wichtig, dass die Hilfen exakt und fein eingesetzt werden, das Pferd weich reagiert und auf den Punkt genau die Gangart wechselt. Das Pferd muss gut rückwärtszurichten und insgesamt gut durchgeritten sein. Erwartet wird außerdem, dass das Pferd die grundlegenden Trailhindernisse absolvieren kann. Das Tor, eine Brücke, das rückwärtige Durchreiten eines Stangen-L und das Transportieren eines Klappersacks sind Hindernisse, die man bewältigen können sollte. Welcher Trailparcours in der Prüfung geritten wird, bestimmt in der Regel der Lehrgangsleiter in Abstimmung mit dem Richter.

Pferd und Reiter müssen außerdem ihre Geländesicherheit unter Beweis stellen. Abhänge und Steigungen sind im Schritt zu reiten, wobei das Pferd nicht davoneilen darf, sondern sicheren Schrittes den Reiter tragen soll. Einzel- und Gruppengalopp werden ebenfalls verlangt. Hier sollte das Pferd am losen Zügel ruhig und sicher galoppieren. Je nach den Geländebegebenheiten können auch ein Wasserdurchritt und andere Geländehindernisse wie Baumstämme oder Holzbrücken zu überwinden sein.

Diese Anforderungen können von Pferden jeder Rasse erfüllt werden, es ist keineswegs erforderlich, hierfür ein Quarter Horse zu besitzen. Allerdings sollten die Pferde eine gute Grundausbildung aufweisen und willig mitarbeiten, denn man sollte sich auf den Vierbeiner in der Prüfung schon verlassen können.

4. PFERDEKUNDE

Pferdekunde

Anatomie.
Charakter und Typ.

Das Knochengerüst.

Der Huf.

Die Zähne.

Das Gebäude.

Pferderassen.

Farben und Abzeichen.

Spezielle

Westernpferderassen.

Andere Pferderassen.

Zur Pferdekunde gehört die Beurteilung des Pferdes von Exterieur und Interieur.

ANATOMIE

Jeder Reiter muss sein Pferd aus anatomischen Gesichtspunkten beurteilen können. Hierzu reicht es nicht aus zu wissen, dass ein Pferd vier Beine, einen Kopf und einen Schweif hat. Vielmehr ist es wichtig, die einzelnen Bestandteile und Strukturen zu kennen und deren Aufgaben einordnen zu können. Nur so kann das Pferd in seinem Leistungsvermögen beurteilt werden, was nicht nur beim Pferdekauf, sondern auch für die Beurteilung des eigenen Pferdes für bestimmte Spezialaufgaben (spezielle Disziplinen) von Belang sein kann.

Das Pferd wird grob in drei Abschnitte unterteilt, das sind die Vor-, Mittel- und Hinterhand. Der Kopf, der Hals, die Vorderbeine und die Brust gehören zur Vorhand. Der Widerrist, der Rücken, der Bauch und die Flanke stellen die Mittelhand dar. Kruppe, Hinterbeine und der Schweif bilden die Hinterhand.

Die Bezeichnungen der einzelnen Körperteile des Pferdes, ganz besonders aber der Extremitäten, sollte man sich gut einprägen. Vom Ellenbogen beginnend abwärts folgt beim Vorderbein der Unterarm, das Vorderfußwurzel- oder Karpalgelenk, die Röhre, der Fesselkopf, die Fessel und schließlich der Huf. Bei der Hinterhand ist

11

4. Pferdekunde

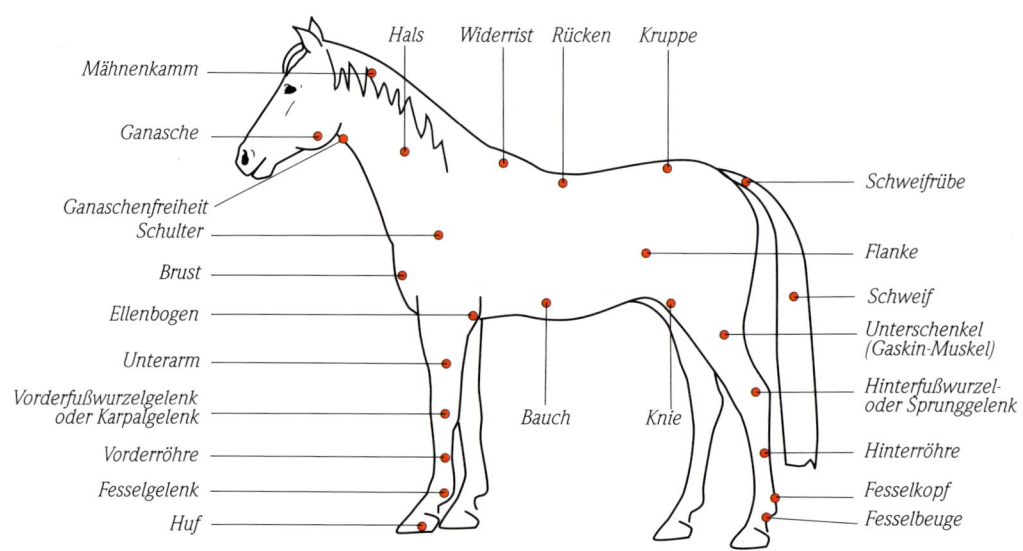

das Knie sichtbar, nach unten fortsetzend sieht man den Unterschenkel mit dem bei Quarter Horses besonders stark ausgeprägten Gaskin-Muskel. Die Unterschenkel werden übrigens auch „Hosen" genannt. Die „Ferse" des Pferdes nennt man Hinterfußwurzel- oder Sprunggelenk, und die Prüfer freuen sich, wenn man hierfür auch den lateinischen Namen Tarsalgelenk weiß. Weiter geht es mit der Röhre oder Mittelfuß, dem Fesselkopf, der Fessel und schließlich dem Huf.

Das Knochengerüst

Das Skelett besteht aus dem Stammskelett, wobei die Wirbelsäule das Zentrum bildet, und den Extremitäten. Vom Genick beginnend hat das Pferd – wie jedes andere Säugetier auch – sieben Halswirbel. Es folgen 18 Rückenwirbel, fünf bis sechs Lendenwirbel, fünf Kreuzwirbel und 18 bis 21 Schweifwirbel. Das Besondere an den Kreuzwirbeln ist, dass sie zusammengewachsen sind und dabei eine sogenannte Knochenbrücke bilden. Die Lendenwirbel hingegen sind biegsam. Von den Rückenwirbeln gehen die Rippen aus, die Rippenanzahl ist mit der der Rückenwirbel deshalb identisch. Dennoch unterscheidet man acht sogenannte „echte" oder auch Tragrippen und zehn „falsche" oder Atmungsrippen. Die vorderen acht Tragrippen sind fest mit dem Brustbein verwachsen, während die Atmungsrippen nur mit Knorpelfortsätzen elastisch verbunden sind. Diese elastische Verbindung ist notwendig, um die Ausdehnung der Lungen bei der Atmung zu gewährleisten.

Die Skelette der Säugetiere sind im Groben vergleichbar, so lässt sich fast jeder Knochen beim Menschen auch beim Pferd finden. Doch im Laufe der Evolution haben sich manche Knochen stärker ausgeprägt, andere hingegen sind ganz verschwunden. So fehlt dem Pferd beispielsweise das Schlüsselbein, wodurch die vorderen Extremitäten

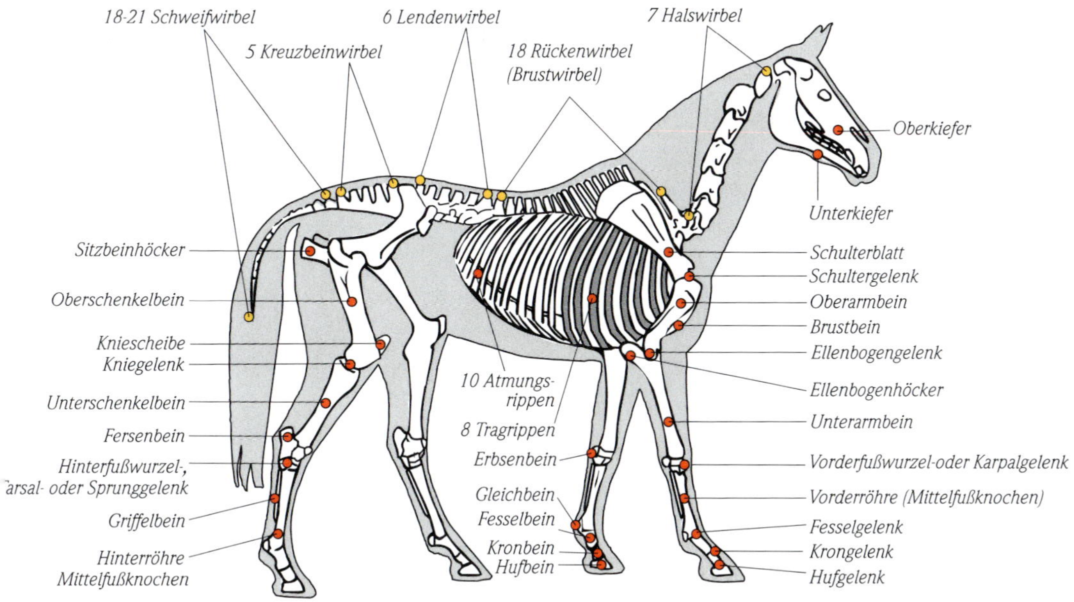

4. PFERDEKUNDE

Skelett des Pferdes – Beschriftung:

- 18-21 Schweifwirbel
- 5 Kreuzbeinwirbel
- 6 Lendenwirbel
- 18 Rückenwirbel (Brustwirbel)
- 7 Halswirbel
- Oberkiefer
- Unterkiefer
- Schulterblatt
- Schultergelenk
- Oberarmbein
- Brustbein
- Ellenbogengelenk
- Ellenbogenhöcker
- Unterarmbein
- Vorderfußwurzel- oder Karpalgelenk
- Vorderröhre (Mittelfußknochen)
- Fesselgelenk
- Krongelenk
- Hufgelenk
- Sitzbeinhöcker
- Oberschenkelbein
- Kniescheibe
- Kniegelenk
- Unterschenkelbein
- Fersenbein
- Hinterfußwurzel-, Tarsal- oder Sprunggelenk
- Griffelbein
- Hinterröhre Mittelfußknochen
- 10 Atmungsrippen
- 8 Tragrippen
- Erbsenbein
- Gleichbein
- Fesselbein
- Kronbein
- Hufbein

durch kein Gelenk mit dem Stammskelett verbunden sind. Die Verbindung besteht lediglich aus Muskeln und Bändern, die fest am Schulterblatt haften. Das Schulterblatt ist über das Buggelenk mit dem Oberarm verbunden, nach unten fortsetzend folgt das Ellbogengelenk, der Unterarmknochen, das Karpalgelenk oder Vorderfußwurzelgelenk (bestehend aus sieben Knochen), die Vorderröhre, das Fesselgelenk, das Fesselbein, das Krongelenk, das Kronbein, das Hufgelenk und schließlich das Hufbein. Ein kleines, aber wichtiges Knöchelchen, das sogenannte Strahlbein, liegt hinter dem Hufgelenk. Das Strahlbein

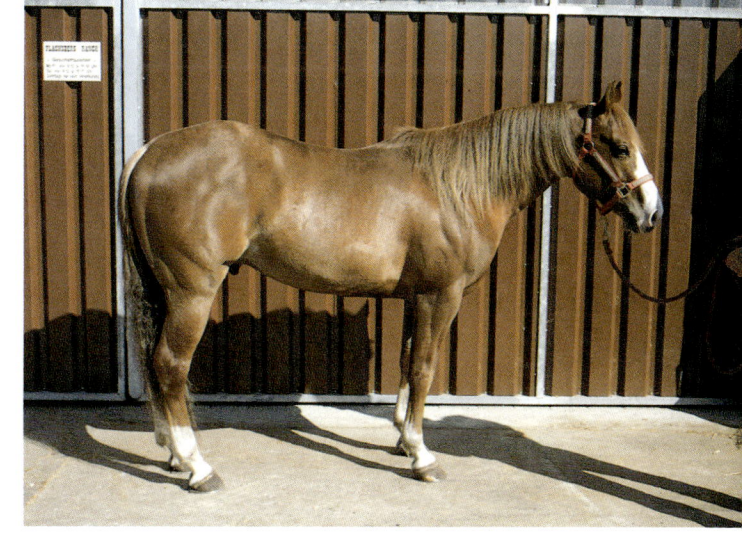

Das Pferd wird grob in 3 Abschnitte unterteilt: Vorhand, Mittelhand und Hinterhand.

4. Pferdekunde

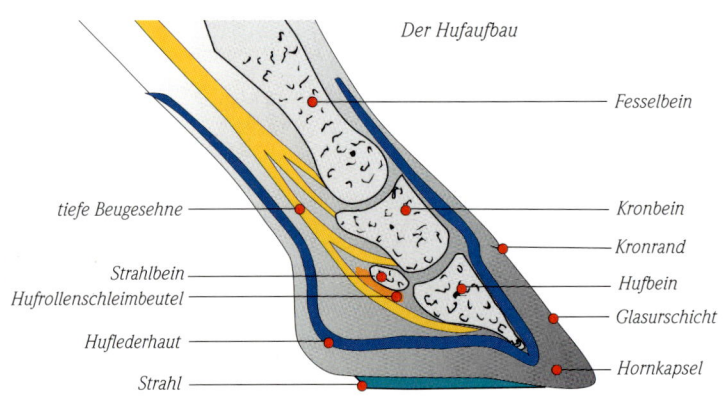

Der Hufaufbau

- Fesselbein
- Kronbein
- Kronrand
- Hufbein
- Glasurschicht
- Hornkapsel
- tiefe Beugesehne
- Strahlbein
- Hufrollenschleimbeutel
- Huflederhaut
- Strahl

Die Hufsohle des Hinterhufs

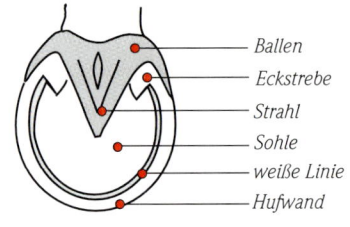

Die Hufsohle des Vorderhufs

- Ballen
- Eckstrebe
- Strahl
- Sohle
- weiße Linie
- Hufwand

gehört mit dem dahinter liegenden Schleimbeutel und der darüber verlaufenden tiefen Beugesehne zur Hufrolle. Bei extremer Beanspruchung wird der Schleimbeutel gequetscht und entzündet sich – die Folge ist die Hufrollenentzündung, welche auch unter dem Begriff Strahlbeinlahmheit bekannt ist.

Die Bezeichnungen der Gelenke und Knochen der Hinterbeine werden von oben nach unten wie folgt bezeichnet: Becken (welches ringförmig und mit dem Kreuzbein verwachsen ist), Hüftgelenk, Oberschenkel, Kniegelenk, Unterschenkel (Schien- und Wadenbein, welche zusammengewachsen sind), Sprunggelenk (welches aus sechs Knochen besteht), Hinterröhre, Fesselgelenk, Fesselbein, Krongelenk, Kronbein, Hufgelenk, Hufbein.

Das Vorderfußwurzelgelenk oder Karpalgelenk wird im englischen übrigens als „knee" bezeichnet, während das Kniegelenk des Pferdes „stifle" heißt.

Der Huf

Das Hufbein ist vollständig vom Huf ummantelt. Die wichtigsten Bestandteile des Hufs sind die Hufkapsel mit der Zehenwand, den Seitenwänden und den Trachten, die Sohle mit dem Tragrand, dem Strahl und den Eckstreben. Der Aufbau des Hufmantels besteht von außen nach innen aus der Glasurschicht, der Verbindungsschicht, der Lamellenschicht und der Lederhaut, die fest am Hufbein haftet. Von unten betrachtet läuft das Pferd auf dem Tragrand, welcher aus der Hornwand, der weißen Linie und einem Teil der Sohle besteht. Die Sohle wölbt sich nach innen und bettet den Strahl in seiner Mitte ein. Der Strahl besteht aus weichem Horn und ist V-förmig ausgebildet. Seitlich befinden sich die Strahlfurchen, eine Furche befindet sich ebenfalls in der Mitte des Strahls, womit dieser eine große Dehnungsfähigkeit aufweist. Als Ballen bezeichnet man den rückwärtigen Teil des Hufs, der nach oben hin in die Fesselbeuge übergeht.

Der Strahl kann durch seine weiche, elastische Hornsubstanz über 40

4. Pferdekunde

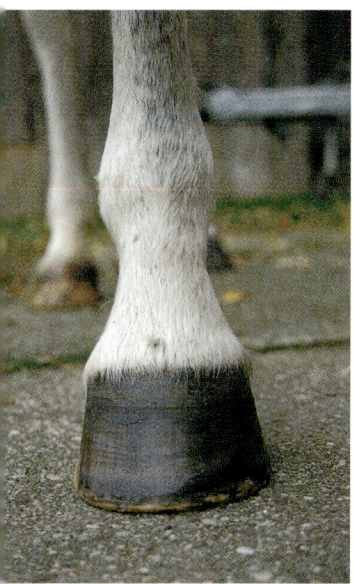

Der gesunde Huf wächst monatlich durchschnittlich einen Zentimeter nach unten.

Prozent Wasser speichern, das harte Horn der Hufkapsel ist lediglich in der Lage bis zu 20 Prozent Feuchtigkeit aufzunehmen.

Beim Auf- und Abfußen verformt sich der Huf geringfügig durch die extreme mechanische Wechselwirkung zwischen Boden und dem Gewicht des Pferdes. Die Verformung des Hufs nennt man Hufmechanismus und ist in erster Linie notwendig, um den Stoß beim Auffußen abzudämpfen. Des weiteren pumpt der Huf auf diese Weise das Blut nach oben, was in Ermangelung von Muskeln im unteren Beinbereich des Pferdes ansonsten nicht möglich wäre. Die Durchblutung, welche für das Hufwachstum von entscheidender Bedeutung ist, ist also erst durch das Funktionieren des Hufmechanismus gewährleistet.

Beim Hufbeschlag muss man deshalb darauf achten, dass der Hufmechanismus ohne Einschränkung arbeiten kann. Dies ist nur möglich, wenn der Schmied die Hufnägel nicht hinter der weitesten Stelle des Hufes setzt, weil im hinteren Bereich die Verformung am deutlichsten zustande kommt. Die weiteste Stelle des Hufs ist meist mit dem Beginn des Strahls identisch. Reicht der Strahl recht weit in Richtung Hufspitze, kann bei Nagelung bis zur weitesten Stelle der Hufmechanismus unter Umständen bereits beeinträchtigt sein.

Die Hufnägel werden in die weiße Linie eingeschlagen, welche aus einer sehr weichen Hornsubstanz besteht. Die weiße Linie ist deshalb auch häufig die Eingangspforte für Bakterien oder Steinchen, die einen Hufabszess auslösen können.

Der Huf wächst monatlich neun bis zwölf Millimeter nach unten. Innerhalb eines Jahres erneuert sich somit die gesamte Hufkapsel. Unter natürlichen Bedingungen hält sich das Hufwachstum und der Abrieb in der Waage. Ist der Abrieb aufgrund starker Beanspruchung oder unnatürlicher Bodenverhältnisse größer, muss der Huf durch einen Beschlag (oder alternative Hufschutzmethoden wie Hufschuhe) vor zu starkem Abrieb geschützt werden.

Die Zähne

„Einem geschenkten Gaul schaut man nicht ins Maul" heißt ein gängiges Sprichwort. Dies bedeutet nichts anderes, als dass es unhöflich wäre, auch noch nach dem Alter eines Pferdes zu fragen, wenn man es schon geschenkt bekommt. Denn an den Zähnen des Pferdes lässt sich das Alter ablesen. Zwar ist die Altersbestimmung nach den Zähnen nicht immer hundertprozentig korrekt, weil die Natur von gewissen Abweichungen oftmals durchaus nicht abgeneigt ist. Deshalb spricht man auch vom Zahnalter eines Pferdes.

In der Regel hat jedes Pferd 36 Zähne (12 Schneidezähne, 12 Prämolaren, 12 Molaren), wobei Hengste (beziehungsweise Wallache) noch zusätzlich vier Hakenzähne aufweisen und somit auf 40 Zähne insgesamt kommen. (Ausnahmsweise können Hakenzähne auch bei der Stute vorkommen. Manchmal kann ein Pferd auch noch einen zusätzlichen Zahn vor den Backenzähnen bekommen, der dann als Wolfszahn bezeichnet wird.) Am Zahnwechsel des jungen Pferdes und an der Abnutzung der Zähne kann man das Alter bis zum zwölften Lebensjahr ziemlich genau bestimmen.

Das junge Pferd beginnt die Milchzähne mit zweieinhalb Jahren zu wechseln. Zuerst wechselt es die

4. PFERDEKUNDE

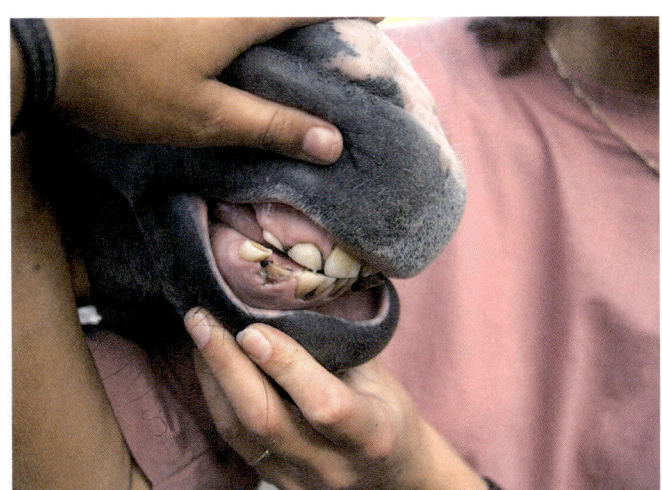

Am Zahnwechsel kann man das Alter eines jungen Pferdes ablesen. Dieses Pferd wechselt die Mittelzähne und ist deshalb etwa dreieinhalb Jahre alt (Exaktes Alter des Pferdes anhand der Papiere: Drei Jahre, vier Monate).

Zangen, mit dreieinhalb Jahren die Mittelzähne und mit viereinhalb Jahren die Eckzähne vom Ober- und Unterkiefer jeweils gleichzeitig. Das weitere Zahnalter bestimmt man durch den Abrieb der sogenannten Kunden, welches schwarze Vertiefungen an den Kauflächen der Schneidezähne sind. Die Kunden sind beim sechsjährigen Pferd an den Zangen des Unterkiefers verschwunden. Siebenjährig ist ein Pferd, wenn die Kunden der Mittelzähne des Unterkiefers nicht mehr sichtbar sind, achtjährig fehlen sie schließlich bei den Eckzähnen. Beim neunjährigen Pferd haben sich die Zangen des Oberkiefers abgeschliffen, beim zehnjährigen Pferd sind die Kunden der Mittelzähne des Oberkiefers verschwunden. Wenn sich die schwarzen Verfärbungen in den Eckzähnen des Oberkiefers nicht mehr feststellen lassen, ist das Pferd elfjährig und älter. Das weitere Alter ist nur noch annähernd zu schätzen, wobei die Winkelung der Zähne zueinander mit zunehmendem Alter immer flacher wird.

Zwischen den Schneidezähnen und den Backenzähnen weist das Pferd eine zahnfreie Zone auf, welches am Unterkiefer als Laden bezeichnet wird. Dort soll das Mundstück der Zäumung liegen.

Das Gebäude

Das äußere Erscheinungsbild des Pferdes nennt man Exterieur oder Gebäude. Dieses zu beurteilen, ist eine notwendige Kenntnis zur sinnvollen Auswahl eines Pferdes, aber auch zum vernünftigen Training und allgemeinen Verwendung. Vor allem sollte man die positiven und negativen Eigenschaften eines Pferdes für die Verwendung als Westernpferd erkennen können.

Die Größe eines Pferdes, das western geritten wird, sollte 160 cm nicht überschreiten. Kleine Pferde sind wendiger und insgesamt athletischer als große. Die Größe steht in der Regel auch mit der Rasse eines Pferdes in Verbindung, wobei kleinere Individuen aufgrund ihrer rassebezogenen Robustheit auch eher artgerecht (robust) gehalten werden können. Häufig stehen kleine Pferde außerdem im Quadratformat, das heißt, die Rückenlänge ist mit der Widerristhöhe in etwa identisch. Dies erleichtert den Tieren, sich ohne anstehendem Zügel und ständig treibenden Schenkeln zu versammeln. Der Vierbeiner kann das Gewicht besser auf die Hinterhand verlagern, wodurch sämtliche Westernmanöver leichter auszuführen sind, aber auch die Vorhand vor Verschleißerscheinungen besser geschützt ist.

Die unterschiedlichen Kopfformen wie Hechtkopf (zum Beispiel Araber), Ramskopf (oftmals beim Lipizzaner anzutreffen) oder Keilkopf (typisch für Quarter Horses) sind häufig rassebedingt. Für ein

Westernpferd ist ein relativ kleiner Kopf zu bevorzugen, der eine ausreichende Ganaschenfreiheit besitzt. Die Ganaschenfreiheit (der Abstand zwischen dem Unterkieferknochen und dem Hals des Pferdes) erleichtert dem Pferd das Abknicken im Genick.

Der Hals des Pferdes sollte weder zu lang noch zu kurz sein, sondern dem gesamten Exterieur entsprechend harmonisch zum Pferd passen. Dicke Hälse sind häufig auch kurz und neigen zum Unterhals, weil solche Pferde aufgrund der damit verbundenen ungenügenden Ganaschenfreiheit Schwierigkeiten haben, mit dem Genick abzukippen. Ebenso unerwünscht sind Hirsch- und Schwanenhals, deren Form oft durch einen ungünstigen Halsansatz begünstigt wird.

Fehlerhafte Rückenformen wie Karpfen- und Senkrücken sind ebenso wenig erwünscht, weil die Sattellage erheblich darunter leidet, und das Pferd Schwierigkeiten in seinen Bewegungen haben kann. Der Widerrist sollte gut ausgeprägt sein, weil er dem Westernsattel guten Halt bietet. Ein zu hoher Widerrist allerdings schiebt den Sattel zu weit nach hinten, während ein zu flacher Rist den Sattel nach vorne rutschen lässt.

Fehlerhafte Stellungen der Beine können zu frühzeitigem Verschleiß führen aber auch die Athletik und Leistungsfähigkeit des Pferdes ein-

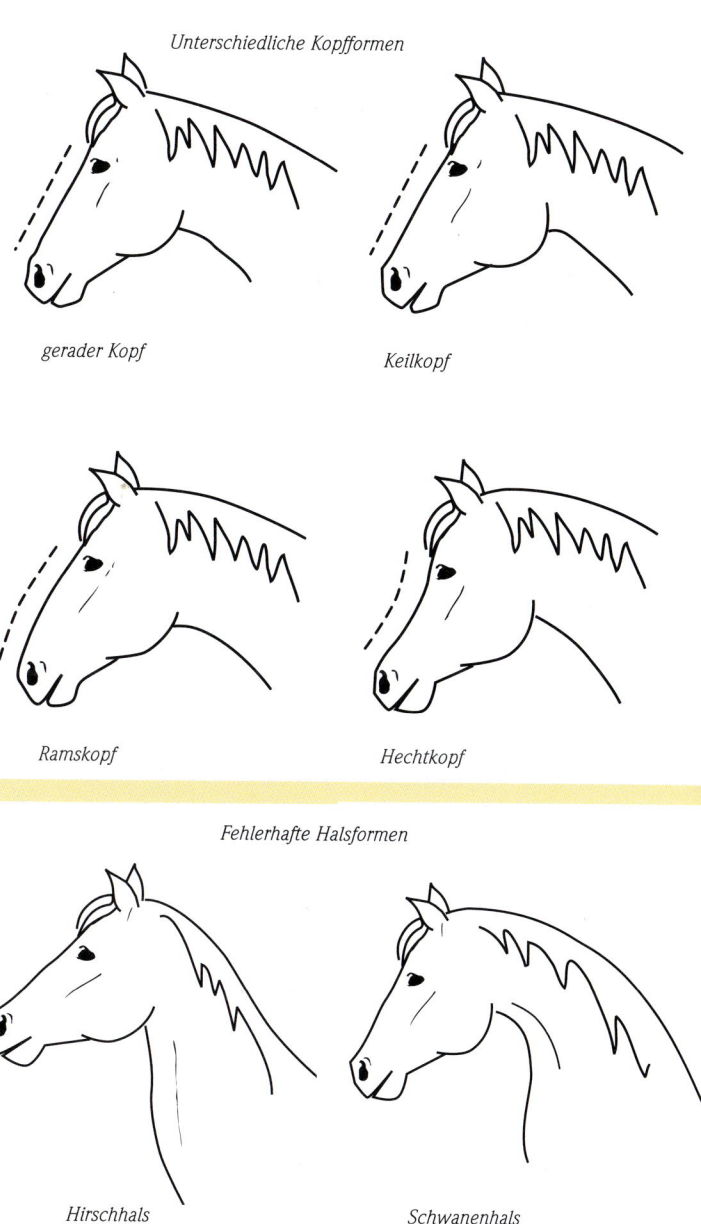

Unterschiedliche Kopfformen

gerader Kopf Keilkopf

Ramskopf Hechtkopf

Fehlerhafte Halsformen

Hirschhals Schwanenhals

4. PFERDEKUNDE

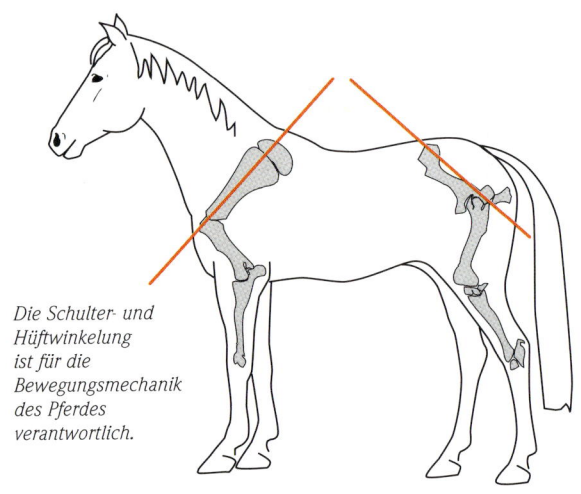

Die Schulter- und Hüftwinkelung ist für die Bewegungsmechanik des Pferdes verantwortlich.

schränken. Viele Pferde stehen leicht kuhhessig, was kein grober Fehler ist, wenn die Stellung im Rahmen bleibt und nicht übermäßig ist. Vermeiden sollte man aber extreme Fehlstellungen. Insbesondere können folgende Fehlstellungen für die Verwendung des Pferdes problematisch sein: Bodenweit, bodeneng, zehenweit, zeheneng, vorständig, rückständig, vorbiegig, rückbiegig, o-beinig und x-beinig. Für die hinteren Extremitäten gelten zudem noch bärentatzige, säbelbeinige und fassbeinige Stellungen als unerwünscht. Für die Beurteilung als geeignetes Westernreitpferd wird auf die Schulter- und Hüftwinkelung besonderen Wert gelegt. Diese Winkelung ist für die Bewegungsmechanik des Pferdes verantwortlich. Bevorzugt wird eine schräge (flache) Schulter und eine ebensolche Hüfte. Sie gewährleisten flache, angenehm zu sitzende Gänge. Außerdem ist es einem Pferd mit einer schrägen Schulterwinkelung möglich, weiter auszugreifen als einem Reittier mit steiler Schulter. Eine schräg abfallende Kruppe trägt dazu bei, dass das Pferd die Hinterhand besser unter den Körper schieben kann.

Die Winkelung von Schulter und Hüfte ist in der Regel identisch mit der Stellung der Fesseln. Eine steile Stellung von Schulter und Fessel sind Hinweise für ein Pferd mit harten Gängen, flache Stellungen garantieren hingegen weiche Gangarten.

Quarter Horses haben häufig einen Keilkopf.

Steil gestellte Fesseln sind aber stärker dem Knochenverschleiß ausgesetzt, während lange und weiche Fesseln die tiefe Beugesehne stark belasten.

Man wird kaum ein Pferd finden, das den Idealvorstellungen exakt entspricht. Kleinere Abweichungen vom Idealmaß kann man durchaus tolerieren, zumal man durch ein fachkundiges Training und die Auswahl eines besonders willigen Pferdes Exterieurmängel kompensieren kann. Ein vorteilhafter Charakter ist darum sogar wichtiger als die besten Exterieurvoraussetzungen.

Als Pinto werden alle geschecken Pferde bezeichnet, gleich welcher Rasse sie angehören.

CHARAKTER UND TYP

Die Leistungsfähigkeit eines Pferdes ist überwiegend vom Charakter abhängig. Weil es sich beim Westernreiten um eine Reitweise handelt, bei der die Mitarbeit des Pferdes im Vordergrund steht, ist ein williges Pferd die Voraussetzung für eine gute Ausbildung. Durch das Training möchte man sich ohne Zwangsmaßnahmen einen freudig mitarbeitenden Partner erziehen, der bereits auf kleinste Signale und Zeichen den Wünschen des Reiters nachkommt. Ein stures, unwilliges und träges Pferd ist ungeeignet. Die Arbeit, die von einem Westernpferd erwartet wird, erfordert nicht nur die Bereitschaft zur Mitarbeit, sondern auch ein gehöriges Maß an Nervenstärke, Aufmerksamkeit, Ruhe, Souveränität, Mut, Intelligenz und Sensibilität. Nur solche Pferde sind in der Lage, tatsächlich gute Westernpferde und zuverlässige Partner zu werden.

Je nach Einsatzgebiet müssen Westernpferde noch zusätzliche Anforderungen erfüllen. In erster Linie wird vom Cowhorse eine besondere Interieureigenschaft erwartet, die es befähigt, überhaupt mit Rindern zu arbeiten. Nur einem Pferd, das den sogenannten Cow sense mitbringt, ist es möglich, die Bewegungen eines Rindes nicht nur nachzuahmen, sondern es zu kontrollieren. Diese Eigenschaft wurde über viele Pferdegenerationen gezielt herausgezüchtet und ist in bestimmten Linien der Quarter Horses mittlerweile fest verankert.

Pferderassen

Die gewünschten Interieur- und Exterieurmerkmale bringen vor allem Pferderassen mit, die speziell für die Westernreitweise gezüchtet worden sind. Es sind dies die Quarter Horses, Paint Horses und Appaloosas. Allerdings findet man auch unter vielen anderen Pferderassen Individuen, die den Anforderungen hervorragend gewachsen

4. PFERDEKUNDE

sind. Darunter sind viele Ponyrassen, aber auch Vollblüter und kleinere Warmblüter.

Farben und Farbzuchten

Die Farbe eines Pferdes ergibt den ersten Eindruck. Dabei ist die Farbgebung für die Entstehung von Rassen nicht unbedeutend, auch wenn heute der Grundsatz gilt: „Ein gutes Pferd hat keine Farbe". Schon die Indianer bevorzugten Pferde mit nicht alltäglicher Farbgebung, nicht zuletzt deshalb, weil sie Pferden mit bestimmter Färbung oder Abzeichen besondere Eigenschaften zusprachen. Die Zucht einer bestimmten Farbe hat aber auch heute noch manches Mal Priorität, obwohl die Züchter versichern, dass die Leistungsbereitschaft, das Exterieur und der Charakter bevorzugte Auswahlkriterien sind.

Die Grundfarben der Pferde sind braun und fuchsfarben. Manches Mal wird auch die Farbe Schwarz als eigene Grundfarbe angeführt, wobei ein schwarzes Pferd genetisch gesehen allerdings ein sehr dunkler Brauner ist. Ausgehend von den Farben Braun und Fuchs kann man sämtliche andere Färbungen einordnen. Zur grundsätzlichen Unterscheidung gilt die Regel, dass alle Pferde mit schwarzem Langhaar (Schweif und Mähne) der Grundfarbe Braun zuzuordnen sind und

Falben werden bei den Westernreitern in dun (mit Aalstrich) und buckskin (ohne Aalstrich) unterschieden.

alle Pferde mit hellem Langhaar der Farbe Fuchs. Falben und Schimmel sind Pferde mit Aufhellungsfaktor, wobei der Schimmel durch die frühzeitige Ausschimmelung trotz weißer Mähne und weißem Schweif genetisch jede Grundfarbe haben kann, also auch Braun, Schwarz, Fuchs, Schecke usw.

Die einzelnen Pferdefarben im Überblick:

Brauner (bay) –
Langhaar schwarz, Deckhaar hell-, rot- oder kastanienbraun;

Schwarzbrauner (brown)–
Langhaar schwarz, Deckhaar braun, dunkelbraun bis schwarzbraun, Beine schwarz;

4. Pferdekunde

Auch vollkommen weiße Schimmel werden im Englischen als „gray" bezeichnet.

Rappe (black) –
Langhaar und Deckhaar schwarz;
Fuchs (sorrel) –
Langhaar und Deckhaar rotbraun, Langhaar kann auch heller bis gelblich-weiß sein (Englischer Ausdruck: flaxen main and tail);
Dunkelfuchs (chestnut) –
Langhaar und Deckhaar dunkelrotbraun; Langhaar kann wiederum auch heller sein;
Schimmel (gray) –
Pferd jeder möglichen Farbe (pigmentierte Haut), jedoch mit frühzeitiger Ausschimmelung, wird von Jahr zu Jahr weißer;
Falbe (dun) –
Langhaar und Beine schwarz, Deckhaar aufgehellt braun, schwarz oder fuchs (falbfarben: je nach Grundfarbe grau bis gelblich) mit Aalstrich;
Falbe (buckskin) –
wie dun, jedoch ohne Aalstrich;
Mausfalbe (grullo) –
Langhaar und Beine schwarz, Deckhaar aufgehellt schwarz bis schwarzbraun (= grau), häufig mit Aalstrich und Zebrastreifen an den Beinen;
Palomino (Isabell) –
Langhaar hellgelblich, Deckhaar aufgehellt fuchs;
Cremello (Weißisabell) –
Langhaar und Deckhaar gelblichweiß bis cremefarben, stark aufgehellte Füchse mit Glasaugen;
Stichelhaarig (roan) –
Pferde jeder Farbe, jedoch ist das Deckhaar mit mehr oder weniger weißen Haaren durchsetzt;
Schecke oder Pinto (tobiano) –
ruhige Plattenscheckzeichnung wobei die weißen Flächen die Rückenlinie kreuzen, Kopf meist dunkel, Beine häufig weiß;
Schecke oder Pinto (overo) –
zackige Plattenscheckzeichnung, wobei die weißen Flächen die Rückenlinie nicht kreuzen, Kopf häufig weiß, Beine dunkel;
Tigerschecke (leopard) –
Auf der Grundfarbe unterschiedlich große Tupfen einer anderen Farbe, viele unterschiedliche Farbmuster: Beim Volltiger verbreiten sich die Tupfen über den ganzen Körper;

4. PFERDEKUNDE

Das Quarter Horse ist die typische Westernpferderasse und ist zahlenmäßig die größte Pferderasse der Welt.

beim Schabrackenschecken (blanket) nur Weißzeichnung mit Tupfen auf der Kruppe, die in den Rücken hineinreichen kann; Beim Snowflake zeigen sich weiße Tupfen auf dunkler Grundfarbe über den ganzen Körper; Weitere Schattierungen: Frosted oder spotted hip, varnish roan (stichelhaarig);

Palominos und Pintos sind Pferde, die auf einer Farbzucht basieren. So können Pintos und Palominos Pferde einer beliebigen Rasse sein, solange sie die entsprechende Farbe aufweisen. Pintos sind gescheckte Pferde, gleich welcher Rasse. Pintos werden aber in fünf verschiedene Pferdetypen eingeordnet: Huntertyp, Stocktyp, Ponytyp, Saddletyp und Pleasuretyp.

Palominos sind isabellfarbene Pferde, wegen ihrer Fellfarbe auch unter dem Ausdruck „goldene Pferde" bekannt. Die Palominofarbe kann in sicherster Form durch die Anpaarung eines Cremellos (der ein doppeltes Aufhellungsgen hat und zu 100 Prozent eines davon an den Nachkommen weitergibt) und eines Fuchses (kein Aufhellungsgen) gezüchtet werden. Die Anpaarung Palomino mal Palomino ergibt nur zu 50 Prozent wieder Palominos, zu 25 Prozent fallen Cremellos und zu 25 Prozent „normale" Füchse.

Pintos und Palominos kommen aufgrund ihrer begehrten Farbe häufig als Westernpferde zum

4. PFERDEKUNDE

Das Paint Horse ist ein geschecktes Quarter Horse.

Einsatz. In erster Linie werden sie fürs Freizeitreiten eingesetzt.

Spezielle Westernpferderassen

Die eigentlichen Westernpferderassen sind Quarter Horses, Paint Horses und Appaloosas, die auch überwiegend auf den Westernturnieren zu finden sind. Das Quarter Horse mit seinen mittlerweile über 3,3 Millionen eingetragenen Pferden ist zahlenmäßig die größte Pferderasse der Welt – und die Zahl steigt aufgrund der Popularität der Quarter Horses weiter an.

Entstanden ist das Quarter Horse aus überwiegend spanischen Pferderassen, die nach der Entdeckung der „Neuen Welt" nach Amerika eingeführt worden sind. Es entwickelte sich ein drahtiges Ranchpferd, das in erster Linie dazu benutzt wurde, die Rinderherden (die ebenfalls eingeführt wurden) auf weitem Land zusammenzuhalten. Schließlich vermischte sich das amerikanische Ranchpferd mit weiteren europäischen Pferderassen, vor allem aber mit dem Englischen Vollblut. Noch heute ist die Einkreuzung von Englischem Vollblut in der Quarter Horse-Zucht gestattet. Aus dieser Mischung entstand der moderne Typ des Quarter Horses, welches seinen Namen aufgrund der berühmten Kurzstreckenrennen über eine viertel Meile (in

4. PFERDEKUNDE

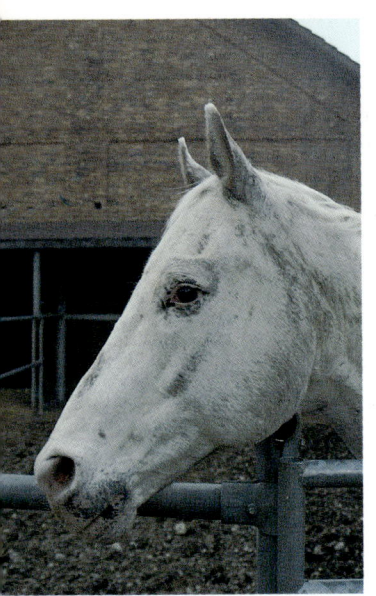

Gesprenkelte und teilpigmentierte Haut um Maul und Augen sowie weiß umrandete Pupillen sind rassetypische Merkmale der Appaloosas.

Da es auch einfarbige Appaloosas gibt, ist die getupfte oder gesprenkelte Farbgebung kein Rassekennzeichen.

etwa 400 Meter) erhielt, die in den USA sehr beliebt waren. Über diese Distanz ist das Quarter Horse auch heute noch das schnellste Pferd der Welt. Bis zu einer Strecke von etwa 5000 Meter aber ist das Englische Vollblutpferd unschlagbar. Darüber hinaus – auf längere Distanzen – kann dem Arabischen Vollblut aufgrund seiner Ausdauer kein anderes Pferd das Wasser reichen. Der Zuchtverband der Quarter Horses heißt „American Quarter Horse Association" (AQHA), der deutsche Zuchtverband „Deutsche Quarter Horse Association" (DQHA).

Das Quarter Horse zeichnet sich durch eine starke Bemuskelung – vor allem an der Hinterhand – aus und steht im Quadratformat. Die Größe bewegt sich zwischen 1,45 und 1,55 Metern. Verschiedene Typen haben sich mittlerweile herauskristallisiert, weil man bestimmte Linien für spezielle Disziplinen züchtet. So gibt es Quarter Horses, die sich für die Rinderarbeit hervorragend eignen (sie haben einen besonders ausgeprägten Cow sense), spezielle Reining-Pferde (die meist sehr stark bemuskelt sind) und Pleasure-Pferde (ein eleganterer Typ).

Denselben Ursprung wie das Quarter Horse kann das Paint Horse aufzeigen. Im Prinzip ist das Paint Horse ebenfalls ein Quarter Horse, allerdings hat es eine gescheckte Fellfärbung. Gescheckte Quarter Horses werden nicht ins Zuchtregister der AQHA eingetragen, somit hat man für Paint Horses einen eigenen Zuchtverband gegründet, die „American Paint Horse Association" (APHA). Der deutsche Zuchtverband für Paint Horses heißt „Paint Horse Club Germany" (PHCG).

Wenn ein geschecktes Pferd zur Welt kommt, das zwei einfarbige Quarter Horses als Eltern hat, wird es „cropout" genannt und ins Zuchtbuch der APHA eingetragen. Einfarbige Nachkommen von gescheckten Eltern werden im „breeding stock registry" aufgenommen. Paint Horses können in den Scheckenmustern Overo oder Tobiano auftreten. Auch Mischungen aus beiden Typen, sogenannte Toberos, sind möglich. Man ist sich ziemlich sicher, dass sich die Overo-Scheckung rezessiv vererbt, die Tobiano-Färbung hingegen dominant. Somit müssen beide Elternteile mindestens ein Overo-Gen tragen (bei einem Overo-Gen wird die Scheckfärbung nicht sichtbar, nur wenn es doppelt vorhanden ist) und dieses auch weitergeben, wenn das Fohlen ein Overo-Schecke werden soll. Für einen Tobiano-Schecken reicht die Weitergabe eines dominanten Tobiano-Gens an das Fohlen, um die Scheckung sichtbar werden zu lassen.

Die dritte, spezielle Westernpferderasse ist der Appaloosa. Die Rasse entstand durch die Zuchtauswahl der Nez Percé-Indianer, die am Palouse-River lebten, wodurch die Pferderasse auch ihren Namen hat. Der Appaloosa wurde von den Indianern nicht nur wegen seiner einzigartigen Scheckzeichnung selektiert und gezüchtet, sondern auch aufgrund seiner Härte und Schnelligkeit. Mindestens ein Drittel aller Appaloosas kommen aber einfarbig zur Welt, werden aber dennoch vom amerikanischen Zuchtverband „Appaloosa Horse Club" (ApHC) beziehungsweise deutschen Zuchtverband „Appaloosa Horse Club Germany" (ApHCG) registriert.

Da es auch einfarbige Appaloosas gibt, gilt die Fellfärbung nicht als Rassekennzeichen. Rassemerkmale sind hingegen eine weiß umrandete Pupille (auch als Menschenauge bezeichnet), gesprenkeltes, nur teilpigmentiertes Maul und ebensolche Geschlechtsteile sowie vertikal gestreifte Hufe. Des weiteren zeichnen sich Appaloosas auch durch spärliches Langhaar aus. Durch die Einkreuzung von Quarter Horses hat sich der Appaloosa ansonsten den Rassekennzeichen der Quarter Horses angenähert. Appaloosas sind mit einer Grösse von 1,50 bis 1,60 Metern Stockmaß im Durchschnitt etwas größer als Quarter Horses.

Das Morgan Horse ist ebenfalls eine amerikanische Pferderasse und hervorragend fürs Westerneiten geeignet.

4. PFERDEKUNDE

25

4. Pferdekunde

Auch der Haflinger hat seinen Durchbruch als Westernpferd geschafft.

Andere Pferderassen

Außer den drei speziellen Westernpferderassen sind auch viele andere Pferderassen fürs Westernreiten geeignet. Neben den weiteren, amerikanischen Rassen wie Criollo (südamerikanisches Ranchpferd), Morgan Horse, American Saddle Horse und Tennessee Walker (Gangpferd mit Töltveranlagung) erfreuen sich auch europäische Rassen immer größerer Beliebtheit für die Ausübung des Westernreitsports.

Je besser ein Pferd den Anforderungen eines Westernpferdes entspricht, desto besser geeignet ist es für diesen Sport. Hierzu gehören ein kompaktes Gebäude, korrekte Gliedmaßenstellung, Intelligenz und der uneingeschränkte Wille zur Mitarbeit. Viele Ponyrassen erfüllen diese Anforderungen sehr gut. Somit haben sich mittlerweile Connemaras, Camarguepferde, New Forest, Deutsche Reitponys, aber auch Isländer im Westernreitsport etabliert. Als besonders geeignet haben sich Haflinger und Norweger erwiesen, weil sie vor allem Kraft und Nervenstärke mitbringen. Doch auch Vollblutpferde haben ihre Qualitäten und bestechen in erster Linie durch ihre Intelligenz, ihr Temperament und makellosen Charakter. Das Englische Vollblutpferd (in Deutschland mit xx abgekürzt) hat besonders zur Entstehung der Westernpferderassen beigetragen. Aber auch das Arabische Vollblut (ox oder AV) hat seinen Blutanteil über die spanischen Rassen in den Westernpferderassen hinterlassen.

5. HALTUNG · FÜTTERUNG · PFLEGE

Haltung, Fütterung, Pflege

Die verschiedenen Haltungsformen.

Die Fütterung.

Die Pflege des Pferdes.

Die offene Stallhaltung.

Die geschlossene Stallhaltung.

Die Verdauung.

Futtermittel.

Das Tränken.

Giftpflanzen.

Das Säubern von Fell und Huf.

Die Versorgung nach dem Ritt.

Bei der Pferdehaltung sind die natürlichen Bedürfnisse zu berücksichtigen.

5. Haltung

Die verschiedenen Haltungsformen

Bei der Pferdehaltung sind die natürlichen Bedürfnisse des Pferdes zu berücksichtigen, um dem Tierschutzgesetz, das eine artgerechte Haltung der Tiere fordert, gerecht zu werden. Zwei wesentliche Punkte sind deshalb in der Pferdehaltung zu berücksichtigen: Das Pferd ist in erster Linie ein Flucht- und ein Herdentier. Das bedeutet für die Pferdehaltung im Allgemeinen, dass diese beiden Eigenschaften einbezogen werden müssen, um den Tieren ein artgerechtes Leben zu ermöglichen. Konkret haben diese Bedürfnisse die Auswirkung, dass Pferdegesellschaft und genügend Auslauffläche vorhanden sein müssen.

Als Lauf- und Herdentier benötigt das Pferd die Gesellschaft von Artgenossen und eine genügend große Auslauffläche, um den natürlichen Bedürfnissen des Pferdes zu genügen.

Aufgrund beschränkter Platzverhältnisse ist eine ideale Pferdehaltung nicht jedem möglich. Dann ist man auf Kompromisse angewiesen, denen sich die meisten Pferde recht gut anpassen können. Trotzdem ist die Gefahr von Untugenden, Verhaltensstörungen und Gesundheitsproblemen gegeben, wenn die Haltungsform mit Mängel behaftet ist. Verhaltensstörungen sind beispielsweise Weben und Koppen, die auf Langeweile zurückzuführen sind, welche wiederum Einzelhaltung und fehlende Pferdegesellschaft als Ursache haben. Das Ziel eines jeden Pferdefreundes muss deshalb sein, die Haltungsform seines Pferdes den idealen Vorgaben bestmöglichst anzunähern.

Offene Stallhaltung

Als offene Stallhaltung werden Haltungsformen bezeichnet, die dem Pferd ermöglichen, sich zu jeder Zeit auch im Freien aufzuhalten. Dabei muss aber beachtet werden, dass für jedes Pferd ein ausreichender Schutz gegen Wind und Wetter bereitstehen muss. Als einfachste Variante genügt eine dreiseitig umschlossene Weidehütte. Beim Bau einer Weidehütte ist darauf zu achten, dass die Öffnung auf der wetterabgewandten Seite liegt.

Bei der offenen Stallhaltung ist außerdem wichtig, dass die Pferde an die robuste Haltung gewöhnt worden sind, wenn sie nicht schon von klein auf in einer Offenstallhaltung gelebt haben. Es ist durchaus möglich, nicht nur robuste Ponyrassen, sondern auch hochblütige Pferde wie Araber oder Warmblüter im Offenstall zu halten, wenn der Wetterschutz gewährleistet ist und der Boden zumindest im Unterstand trocken und sauber gehalten wird. Ein Kennzeichen der offenen Stallhaltung ist eine annähernd gleiche Temperatur im Unterstand/Stall und Außenbereich.

Es gibt verschiedene Möglichkeiten der offenen Stallhaltung. Die einfachste ist die Einzelaufstallung in einer Paddockbox. Hier erhält das einzelne Pferd eine Box mit Auslauf ins Freie. Das Pferd kann seinen Aufenthaltsort frei wählen. Der Paddock sollte dem Pferd möglichst auch das Traben – noch besser das Galoppieren – ermöglichen. Hierfür ist eine entsprechende Größe erforderlich. Doch häufig muss man mit kleinen „Balkons" zufrieden sein, wenn die Platzverhältnisse nicht mehr Möglichkeiten offen lassen. Bei der Haltung in einer Paddockbox sollte das einzeln gehaltene Pferd aber wenigstens über den Zaun hinweg Kontakt zu seinen Artgenossen pflegen können.

Idealer ist deshalb die eigentlich als Offenstallhaltung zu bezeichnende Haltungsform, bei der mehrere (mindestens zwei) Pferde in einem Stall-/Auslaufbereich gehalten werden. Dabei steht es den Tieren frei, sich im Auslauf oder im Unterstand aufzuhalten. Bei dieser Pferdehaltungsform ist zu berücksichtigen, dass der Eingang zum Unterstand

5. HALTUNG

Pferde benötigen die Gesellschaft von Artgenossen, genügend Auslauf und frische Luft – im Sommer genauso wie im Winter.

entweder breit genug ist oder dass mehrere Eingänge vorhanden sind, damit ranghöhere Pferde den Zugang zum Unterstand nicht blockieren können. Der Boden des Auslauf-/Stallbereiches sollte zumindest teilweise befestigt sein. Dies gewährleistet auch bei schlechtem Wetter einen trockenen Untergrund, der gerne als Liegefläche genutzt wird. Verschiedene Bodenarten (hart und weich) fördern die Hufgesundheit und sollten in die Offenstallplanung miteinbezogen werden.

Bei Unterbringung von mehreren Pferden im Offenstall muss bei der Fütterung darauf geachtet werden, dass alle Tiere ihre zugeteilte Portion erhalten. Dabei sind Fressstände eine gute Lösung. Manchmal müssen die Pferde zur Fütterungszeit aber auch getrennt oder angebunden werden, damit das Futter für die rangniedrigen Pferde nicht in den Mägen der dominanten Vierbeiner verschwindet. Eine empfehlenswerte Alternative ist auch, den Pferden einen Futterbeutel umzuhängen. Auf diese Weise kann zumindest das Kraftfutter individuell zugeteilt werden.

Bei jeder Haltungsform ist eine genügend hohe und ausbruchsichere Einzäunung des Auslaufs obligatorisch. Gegen unerlaubten Zugriff sollten die Tore mit Schlössern gesichert sein, was auch für die Weidetore gilt.

Eine am Offenstallauslauf angeschlossene Weide ist für jeden Pferdehalter erstrebenswert, weil der Weidegang die natürlichste Haltungsform für Pferde ist. Der zumindest stundenweise Weidegang ist für das seelische Gleichgewicht der Tiere besonders wichtig. Die ständige Weidehaltung ist aufgrund der großen Flächen, die hierfür notwendig sind, nur den wenigsten Pferdehaltern möglich. Rund ein Hektar Weidefläche muss man pro Pferd rechnen, damit eine ausschließliche Haltung auf der Weide möglich ist.

5. HALTUNG

Die natürlichste Haltungsform für Pferde ist der ständige Weidegang innerhalb einer Herde.
Bei der Weidehaltung müssen aber bestimmte Voraussetzungen berücksichtigt werden, um diese auch tatsächlich artgerecht durchführen zu können. Die Einzäunung muss sicher und stabil gebaut sein und täglich auf Schwachstellen kontrolliert werden. Geeignete Materialien für die Weideeinzäunung sind Holz, Stahlrohre und Elektrozaun (Breitband oder Seile) in Verbindung mit Holz. Für Pferde nicht empfehlenswerte Umzäunungen stellen Stacheldraht, Glattdraht, Elektrodraht mit zu dünner Litze, Schafszaun und andere Gittergeflechte dar. Auch zu niedrige Einzäunungen sind abzulehnen sowie verletzungsträchtige Zäune mit vorstehenden Nägeln und dergleichen.

Die Pferde müssen ständigen Zugang zur Tränke haben. Glücklich können sich die Pferdebesitzer schätzen, die ihren Tieren eine natürliche Wasserquelle wie beispielsweise einen Bach bieten können. Ansonsten muss immer frisches Wasser in einem Behälter angeboten werden.

Die Weidehaltung stellt an den Pferdehalter bestimmte Kenntnisse zur Pflege der Weide, damit den Pferden immer eine gesunde Lebensgrundlage zur Verfügung steht. Um die Verseuchung durch Wurmeier in Grenzen zu halten, müssen Weideflächen regelmäßig abgemistet werden. An den Kotstellen verschmähen die Pferde instinktiv das Gras. Diese Geilstellen müssen ausgemäht und der Kot entfernt werden, um die Verwurmung einzudämmen. Wird die Weidepflege vernachlässigt, breiten sich die Geilstellen aus, und die Weide bietet immer weniger Nahrung für die Tiere.

Der Verwurmung kann man auch vorbeugen, indem man eine Wechselbeweidung mit anderen Tieren

Die natürlichste Form der Pferdehaltung ist der Weidegang. Diese Stute mit ihrem Fohlen fühlt sich dabei sichtlich wohl.

(Schafe, Rinder) durchführt, weil andere Tierarten Gräser fressen, die von Pferden verschmäht werden und umgekehrt.

Pferdeweiden sollten möglichst nicht oder nur wenig gedüngt werden und im Frühjahr abgeschleppt und gegebenenfalls gewalzt werden. Trittschäden müssen eventuell nachgesät werden, damit über die Sommermonate eine gute Futtergrundlage vorhanden ist.

Bei der Anweidung von Weideflächen im Frühjahr dürfen die Pferde anfangs nur etwa 20 Minuten grasen, damit die Umstellung von Heu auf Gras nicht zu abrupt erfolgt, was in der Folge Hufrehe oder Koliken auslösen kann. Um die Grasnarbe zu schonen, ist eine Anweidung erst dann empfehlenswert, wenn das Gras eine Höhe von etwa 10 bis 15 Zentimetern erreicht hat.

Die geschlossene Stallhaltung

Die am häufigsten praktizierte Pferdehaltung ist die Aufstallung in Boxen. Über 75 Prozent aller Reitpferde stehen in Boxen, obwohl die Boxenhaltung keineswegs zu den empfehlenswerten Haltungsformen zählt. Die Boxenhaltung verhindert einen ausreichenden Sozialkontakt zu Artgenossen und dämmt die Bewegungsfreiheit zu stark ein. Des weiteren herrscht in Boxenstallungen oftmals zu wenig Luftaustausch, dass die Stallungen warm und miefig werden, was der Pferdegesundheit schadet.

Die Entscheidung für die Boxenhaltung wird aufgrund von Platzmangel, aber auch wegen der bequemen Verfügbarkeit des Pferdes getroffen. Die Verletzungsgefahr des Pferdes ist in einer Box geringer als in Pferdegesellschaft auf der Koppel. Bei Rangstreitigkeiten tragen die Tiere nämlich schon mal die eine oder andere Blessur davon.

Trotzdem sollte die Boxenhaltung nur als Kompromiss gesehen und jede mögliche Verbesserung der Stallhaltung angestrebt werden. Keinesfalls akzeptabel ist die ausschließliche Boxenhaltung ohne täglichen, stundenweisen Weide- oder Koppelaufenthalt. Mindestens vier Stunden Bewegung und Pferdegesellschaft in einem Auslauf (Winter) oder auf der Koppel sollten einem Boxenpferd gewährt werden, um die natürlichen Bedürfnisse zufriedenzustellen. Die Bewegung unter dem Reiter für ein oder zwei Stunden am Tag reicht nicht aus, weil sie erstens unter der Kontrolle des Reiters stattfindet (Einschränkung der freien Bewegung) und kein Sozialkontakt gewährleistet ist. Wird die Pferdebox nur vorübergehend – höchstens 20 Stunden am Tag – bewohnt, muss sie trotzdem bestimmte Kriterien erfüllen, um die Pferdegesundheit nicht aufs Spiel zu setzen. Die Box kann zunächst einmal nicht groß genug sein. Bequemes Hinlegen, Aufstehen und Herumgehen muss dem Pferd möglich sein, damit es keine Verhaltensstörungen entwickelt. Für die Berechnung des Mindestmaßes einer Pferdebox gilt als Faustregel die doppelte Widerristhöhe ins Quadrat. Beispiel: 1,50 Meter Stockmaß mal 2 = 3,00 Meter. 3,00 Meter mal 3,00 Meter entspricht einer Boxengröße von mindestens neun Quadratmetern, wobei die Seitenlänge einer Boxenwand drei Meter grundsätzlich nicht unterschreiten soll. Idealerweise ist – auch für kleinere Pferde – eine Box mindestens 12 bis 16 Quadratmeter groß (3x4 oder 4x4 Meter).

Zu berücksichtigen ist nicht nur die Fläche, sondern auch die Höhe einer Box, die entscheidend für den Luftraum ist. Sie soll die doppelte Widerristhöhe eines Pferdes nicht unterschreiten. Ehemalige Kuhställe sind aufgrund ihrer zu geringen Höhe für die Pferdehaltung nicht geeignet.

Damit die Luft im Pferdestall durch die entstehenden Dämpfe von Urin und Kot nicht miefig wird (und Gesundheitsschäden herbeiführt), muss für eine ausreichende Lüftung (und natürlich regelmäßiges Entmisten) gesorgt werden. Geschlossene Boxenwände sind abzulehnen, weil die Luft nicht zirkulieren kann. Abhilfe schaffen Schlitze oder

5. HALTUNG

Löcher im unteren Bereich der Boxentüre. Eine entsprechende Höhe des gesamten Stalls ist ebenfalls ein wichtiger Faktor für ausreichend Frischluft.

Vergitterte Boxen im oberen Bereich verhindern den Sozialkontakt mit dem Boxennachbarn. Nur in Ausnahmefällen (gegebenenfalls bei Hengsten oder bei extrem unverträglichen Pferden) kann man vergitterte oder geschlossene Boxen akzeptieren. Der Sichtkontakt zu anderen Pferden ist aber unentbehrlich, weil das Pferd als Herdentier auf den Kontakt zu Artgenossen angewiesen ist.

Die Mindestgröße einer Pferdebox berechnet man, indem man die doppelte Widerristhöhe ins Quadrat nimmt.

Eine weitere geschlossene Stallhaltung, die häufig in Zuchtställen Anwendung findet, ist die Laufstallhaltung. Dabei können sich mehrere Pferde in einem umschlossenen und überdachten Bereich bewegen. Der Sozialkontakt ist hier uneingeschränkt möglich, und die Bewegungsfreiheit ist relativ groß. Zu beachten ist jedoch, dass in einem Laufstall pro Pferd mindestens 10 Quadratmeter zur Verfügung stehen, was im Prinzip der Größe einer Box entspricht und deshalb nur bei absolut verträglichen Pferden vertretbar ist. Probleme kann hier die Luftzufuhr bereiten, wenn der Stall geschlossen ist.

Zur geschlossenen Stallhaltung gehört auch die früher praktizierte Ständerhaltung, die aber keinesfalls akzeptiert werden kann, weil diese Haltungsform tierschutzwidrig ist. Leider werden auch heute noch manche Pferde in Ständern gehalten und müssen so den ganzen Tag angebunden stehen. Die armen Tiere haben weder die Möglichkeit, sich ausreichend zu bewegen, noch Sozialkontakt zu pflegen. Nicht einmal der Blick in die Stallgasse wird ihnen gewährt, da sie vielmehr nur die Wand, an der sie angebunden sind, anstarren können. Die Anbindehaltung kann über kurze Zeiträume, sprich ausnahmsweise über Nacht oder stundenweise notwendig werden, wenn man sich auf einem Wanderritt befindet, und die Pferde wegen Platzproblemen während der Nacht angebunden werden müssen. Auf dem Turnier kann man gezwungen sein, das Pferd über einige Stunden im Hänger stehenzulassen, was ebenfalls der Anbindehaltung gleichkommt. Über einen längeren Zeitraum ist die Anbindehaltung jedoch Tierquälerei.

Zusammenfassend muss ein Pferdestall folgende Kriterien erfüllen: Die Stalltemperatur soll annähernd der Außentemperatur angepasst sein, als ideal wird eine Temperatur zwischen 8 und 15 Grad angegeben. Zu hohe Stalltemperaturen fördern die Vermehrung von Bakterien und können zu Atemwegserkrankungen der Pferde führen. Die Größe muss ausreichend sein, um dem Pferd eine entsprechende Bewegungsfreiheit zu gewährleisten. Der Stall sollte stets gut durchlüftet sein, wobei man eine Luftfeuchtigkeit von 60 bis 80 Prozent anstrebt. Der Kontakt zu Artgenossen muss sichergestellt sein.

Als Einstreumaterialien kann man Stroh, Sägemehl, Sägespäne oder Torf verwenden, damit der Urin gut aufgesaugt wird, und die Tiere ein weiches und warmes Lager haben.

Eine gute und sichere Pferdehaltung ist nicht nur durch bauliche Maßnahmen gesichert, sondern auch durch die Vorsicht und das Verantwortungsbewusstsein des Pferdehalters. Dieser muss täglich kontrollieren, ob sauberes Trinkwasser zur Verfügung steht, die Zäune von Weide und Auslauf in Ordnung und die Tore beziehungsweise Türen von Auslauf, Weide und Boxen fest verschlossen sind. Beim Eintreffen am Stall werden die Pferde auf Verletzungen (welche sie sich durch Rangeleien zugezogen haben könnten) untersucht und gegebenenfalls verarztet, der Kot, dessen Konsistenz und Beschaffenheit ebenfalls begutachtet wird, muss vollständig aus Box und Auslauf entfernt werden. Es wird geprüft,

5. Fütterung

Die Fütterung

ob die Pferde ihr Futter vollständig aufgefressen haben, Futtertröge und Wasserbehälter werden vom Schmutz gereinigt. Eventuell losgetretene Bretter und dergleichen müssen sofort repariert und vorstehende Nägel entfernt werden. Nach dem Füttern und vor Verlassen des Stalls wird überprüft, ob alle Pferde mit gutem Appetit fressen, die Türverriegelung sicher geschlossen und der Stall verletzungssicher ist.

Das Pferd hat sich über den Entwicklungszeitraum von 50 Millionen Jahren vom Laub- zum Grasfresser entwickelt. Doch schon immer war es ein Pflanzenfresser, der sich aber von anderen pflanzenfressenden Haustieren wie Schafen oder Rindern erheblich unterscheidet. Während beim Rind oder Schaf die Nahrung schon in den Vormägen mit Bakterien versetzt werden, geschieht dies beim Pferd, das nur einen Magen besitzt, erst im Dickdarm und Blinddarm. Da Ziegen, Rinder und Schafe die bereits vorverdaute Nahrung wiederkäuen, ist eine gute Verdauung sichergestellt. Dies ist auch der Grund, weshalb Rinder beispielsweise schlechtes Heu besser vertragen als Pferde.

Eine gut gepflegte Weide ist die beste und natürlichste Futtergrundlage.

5. Fütterung

Die artgerechte Fütterung von Pferden ist eine Wissenschaft für sich, da schon kleinste Fütterungsfehler fatale gesundheitliche Folgen haben können. Ein wichtiges Kriterium bei der Fütterung von Pferden ist die oftmalige Gabe von kleinen Mengen, da der Verdauungsapparat des Pferdes nur einen Magen mit einer Füllmenge von 10 bis 20 Litern aufweist und das Pferd von Natur aus laufend kleine Futtermengen zu sich nimmt. Das Pferd ist unter natürlichen Bedingungen täglich 12 bis 16 Stunden mit der Nahrungsaufnahme beschäftigt.

Die Verdauung

Die vom Pferd aufgenommene Nahrung nimmt folgenden Weg durch den Verdauungstrakt: Im Maul wird das Futter mit Hilfe der Zähne grob zerkleinert und mit Speichel versetzt. Das Futter wird schließlich abgeschluckt und passiert dabei den Schlundkopf und die Speiseröhre. Der Schlundkopf kann sich nur in Richtung Magen öffnen wie auch der Schließmuskel am Magen, so dass dem Pferd nicht möglich ist zu erbrechen. Dies ist ein Grund für die relative Kolikanfälligkeit der Pferde. Im Magen angekommen wird die Nahrung vorverdaut und in den Dünndarm, der circa 22 Meter lang ist, weitergeleitet, bei dem es zu weiterem Nährstoffentzug kommt. Im Dickdarm und Blinddarm (der mit einem circa 50 Liter großem Volumen eine dominierende Rolle in der Verdauung spielt) werden die Faserstoffe zersetzt. Der Rest wird – nachdem nochmals Feuchtigkeit entzogen worden und die für Pferdeäpfel typische Ballenformung abgeschlossen ist – über den Enddarm und After ausgeschieden. Die gesamte Prozedur dauert dabei 24 bis 36 Stunden.

An der Konsistenz und Beschaffenheit sowie am Geruch des Kots kann man erkennen, ob das Pferd die Nahrung richtig verdaut hat. Die Kotballen sollen grünlich-braun bei mäßig fester Konsistenz sein.

Futtermittel

Die richtige Dosierung der Futtermenge ist schwer herauszufinden und erfordert viel Fingerspitzengefühl des Pferdehalters. Auch die Zusammensetzung des Futters setzt gute Kenntnisse über die Futtermittelarten und deren Auswirkungen voraus. Falsch gefütterte Pferde sind zu dick, zu mager, zu temperamentvoll, zu faul, leiden unter Mangelerscheinungen oder sind gar richtig krank. Pferde müssen aufgrund unterschiedlichen Alters, Rasse, Größe, Gewicht, Typ und Verwendung individuell gefüttert werden.

Im Allgemeinen kann davon ausgegangen werden, dass naturnahe Pferderassen wie Ponys leichtfuttriger sind als großgezüchtete Warmblut-Sportpferde. Ponys benötigen auch weniger bis gar kein Kraftfutter, während einem 1,65 m großen Springpferd möglicherweise einige Liter Hafer täglich gefüttert werden müssen. Bei der Rationierung müssen in erster Linie Leistung und Pferdetyp berücksichtigt werden.

Bei der Beurteilung des Futterzustandes eines Pferdes ist das kritische Auge des Betrachters das richtige Maß. Als Richtlinie sind die Rippen anzusehen, die beim richtig gefütterten Pferd nicht sichtbar, aber gut fühlbar sind. Ein Pferd ist mager, wenn die Rippen deutlich zu sehen sind, die Flanken eingefallen und das gesamte Pferd knochig wirkt. Zu fett sind Pferde mit kaum mehr fühlbaren Rippen, runden Linien und schwammigen Muskelpartien. Freizeitpferde werden überwiegend eher fett gefüttert als dass sie zu mager sind.

Es gibt unterschiedliche Futtermittel, die in vier Kategorien eingeteilt werden: Saftfutter, Kraftfutter, Raufutter und Mineralfutter. Hinzu kommen noch Zusatzfuttermittel und Mischfutterformen, die sich aber meist in eine der oberen Kategorien mit einordnen lassen.

Zum Raufutter gehört in erster Linie Heu und Stroh. Sie dienen als „Grundnahrungsmittel" der Pferde, da der hohe Raufaseranteil dieser Futtermittel die notwendigen Ballaststoffe enthält und für eine gere-

5. FÜTTERUNG

gelte Darmtätigkeit sorgt. Zudem fördern Raufuttermittel die natürliche Abnützung der Zähne und beschäftigen die Pferde über mehrere Stunden am Tag.

Die Qualität von Heu und Stroh ist nicht unbedeutend für die Gesunderhaltung der Pferde. Für die Pferdefütterung optimal ist der erste Heuschnitt, der während der Blüte geschnitten und getrocknet worden ist. Der zweite Schnitt, als Grummet bezeichnet, enthält kaum Blütenstände und weniger Rohfasermasse. Es duftet daher aromatischer, ist von kräftiger grüner Farbe und kurzfasriger. Grummet ist höher im Futterwert als der erste Schnitt und kann deshalb gut an Fohlen und hochtragende Stuten verfüttert werden. Ansonsten ist aber das Heu des ersten Schnittes die richtige Wahl. Wegen des doppelt so hohen Proteinanteils verzichtet man im Pferdestall auf die Verfütterung von Luzerne- und Kleeheu.

Grundsätzlich kommt nur Heu von guter Qualität zur Verfütterung in Betracht. Dazu muss das Heu genügend lange abgelagert worden sein, denn frisches Heu kann zu Verdauungsstörungen und Koliken führen. Grummet muss acht bis zehn Wochen auf seine Verfütterung warten, den ersten Schnitt kann man den Pferden nach frühestens sechs bis acht Wochen vorlegen.

Im Durchschnitt muss das Heu vor der Verfütterung mindestens zwei Monate lang abgelagert werden, um Verdauungsstörungen und Koliken zu vermeiden.

Eine gute Heuqualität erkennt man am aromatischen Geruch, an der grünlichen Farbe und an staubarmen, festen und langen Heuhalmen. Schlechtes Heu hingegen hat eine grau-braune Farbe, riecht muffig und staubt sehr stark. Manchmal kann man sogar weiße Schimmelnester in den Heubündeln finden. Schlechtes Heu muss entsorgt werden, denn Schimmelpilzsporen sind für die Atemwegsorgane des Pferdes sehr gefährlich.

Stroh dient als Futtermittel und Einstreu gleichermaßen. Stroh muss ebenfalls qualitätsvoll sein, weil es von Pferden gefressen wird – auch wenn es nur als Einstreumaterial gedacht ist. In der Regel kommt Weizen- und Gerstenstroh zum Einsatz. Gutes Stroh ist goldgelb und staubfrei. Angeschimmeltes Stroh, das bräunlich-grau gefärbt ist und muffig riecht, darf aufgrund seiner gesundheitsschädigenden Wirkung weder eingestreut, noch verfüttert werden.

Die natürlichste Ernährung von Pferden ist der Weidegang. Das Weidegras fällt unter die Kategorie Saftfutter, da es einen Wasseranteil von 78 bis 85 Prozent aufweist. Ideales Grünlandfutter ist mit vielen Kräutern durchsetzt und nicht zu fett (kaum Klee).

Weidegras lässt sich nicht nur durch Trocknung haltbar machen, sondern auch durch Silieren. Es gibt neben Grassilage aber auch Mais-, Rübenblatt- und Luzernesilage. Die vorgewelkten Pflanzen werden mehrere Wochen unter Luftabschluss gelagert. Dabei finden Gärungsprozesse statt, die das Futter haltbar machen.

Silage verdirbt allerdings sehr schnell, sobald die Ballen geöffnet worden sind und das Futter mit Luft in Berührung kommt. Deshalb muss es innerhalb von drei Tagen verfüttert werden, was nur in Großbetrieben möglich ist. Silagefütterung kommt deshalb fast nur für größere Pensionsställe in Betracht. Aufgrund ihrer staubfreien Konsistenz eignet sich Silage sehr gut für allergische Pferde. Allerdings muss man bei leichtfuttrigen Pferden vorsichtig sein, weil Silage auch Überfütterungskrankheiten wie Hufrehe und Verfettung auslösen kann.

Zum Saftfutter gehören Zusatzfuttermittel wie Äpfel und Möhren. Äpfel und Möhren werden von Pferden sehr gerne angenommen und ergänzen den Vitaminbedarf. Äpfel dürfen jedoch in nicht zu großen Mengen verfüttert werden, weil sonst Koliken, Durchfall oder Blähungen die Folge sein können. Dass Mohrrüben als Entwurmungsmittel eingesetzt werden können, stimmt übrigens nicht. Trotzdem sind sie ein ideales Beifutter vor

5. Fütterung

allem für die Wintermonate, um etwas Abwechslung auf den Speiseplan zu bringen.
Zuckerrüben werden gerne von Pferden gefressen, sind aber wegen ihres hohen Zuckergehalts nicht uneingeschränkt empfehlenswert, da sie schlechte Zähne verursachen. Futterrüben sind die bessere Alternative. Sie werden aber nicht von allen Pferden gefressen, weil sie nicht so süß sind wie Zuckerrüben. Vor allem Pferde, die zuvor mit Zuckerrüben gefüttert worden sind, verschmähen Futterrüben häufig.
Sämtliche Rübensorten kann man vom Landwirt direkt ab Feld beziehen – oft zu sehr günstigen Preisen. Man muss die Rüben kühl, aber frostfrei lagern, damit sie nicht verderben. Es gibt auch Rübenschnitzel als gepresste Pellets beim Futtermittelhändler zu kaufen. Diese Trockenschnitzel müssen aber mindestens 12 Stunden vor der Verfütterung in reichlich Wasser eingeweicht werden. Die Schnitzel quellen auf und sollten in gequollenem Zustand bald verfüttert werden (innerhalb von 24 Stunden). Rübenschnitzel haben einen sehr hohen Energiegehalt und eignen sich dazu, magere Pferde aufzufüttern.
Kraftfutter wird den Pferden verabreicht, um sie leistungsfähig zu erhalten. Sie sind regelrechte „Energiebomben" und können bei zu reichlichen Gaben Verhaltensstörungen und Übermut auslösen.

Die richtige Dosierung des Kraftfutters ist deshalb sehr bedeutend. Man muss bei der Kraftfuttergabe zum einen die Leistung des Pferdes berücksichtigen, aber auch die Rasse, Größe, Alter und den Typ des jeweiligen Tiers.
Man kennt Kraftfuttermittel als einzelnes Körnerfutter und fertiges Mischfutter. Oftmals wird dem Körnerfutter vor dem Fertigfutter der Vorzug gegeben, weil es günstiger zu bekommen ist. Zur besseren Verdaulichkeit werden die Körner häufig gequetscht oder geschrotet. Als Pferdefutter maßgebend sind Hafer, Mais und Gerste.
Zur Zeit der Arbeitspferde kannte man im Prinzip nur die Haferfütterung als Kraftfuttergabe. Die sogenannten drei „H" waren bei der Pferdefütterung entscheidend: Heu, Hafer, Häcksel (= Stroh). Die Nutzungsänderung der Pferde, aber auch neue Wege in der Pferdezucht verlangen jedoch andere Fütterungsmethoden. Hafer ist aufgrund seines Energiegehalts, der Pferde oft übermütig macht („Ihn sticht der Hafer") nur für Hochleistungspferde sinnvoll.
Bei Pferden, die der freizeitmäßigen Nutzung unterliegen, sollte man auf den Hafer verzichten. Die bessere Wahl ist Gerste oder Mais, deren Futterwert sogar höher ist als der des Hafers. So sollte man 1 kg Hafer mit 0,9 kg Gerste oder 0,8 kg Mais ersetzen. Gerste und Mais sind

sogenannte „Fettmacher" und eignen sich zum Auffüttern von mageren Pferden. Die Beifütterung von Mais kann aufgrund seines niedrigen Rohproteingehalts von 9,4 Prozent den meist vorhandenen Proteinüberschuss in den Futterrationen verhindern helfen.
Da Hafer und Gerste einen harten Spelzenmantel haben, werden die Körner geschrotet oder gequetscht, um das Korn aufzubrechen. Damit ist das Futter besser verdaulich. Man muss bei der Rationsberechnung jedoch berücksichtigen, dass geschrotetes und gequetschtes Korn weniger Volumen einnimmt als ganzes Korn. Nachteile von geschrotetem Körnerfutter sind, dass es staubig ist, häufig zu wenig eingespeichelt wird und im Darm verklumpen kann (Kolikgefahr). Aufgeschlossenes Körnerfutter verliert außerdem an Energie und sollte deshalb binnen drei Tagen verfüttert werden.
Beliebt ist auch der Einsatz von Mischfutter, welches es auch als sogenanntes Alleinfutter gibt. Die Bezeichnung „Alleinfutter" darf aber nicht darüber hinwegtäuschen, dass man dem Pferd sonst nichts zu füttern braucht. Die Gabe von genügend Raufutter muss stets gewährleistet sein. Der Vorteil von Fertigfutter ist die gleichbleibende Qualität und die Möglichkeit, den Nährstoffbedarf genau zu berechnen. Außerdem ist die Vitamin- und

5. FÜTTERUNG

In der Regel meiden Pferde instinktiv die Aufnahme von unverträglichen Pflanzen, dennoch muß der Pferdebesitzer wissen, welche Pflanzen giftig sind, um diese sicherheitshalber von der Weide entfernen zu können.

Mineralstoffversorgung in der Regel über die Fertigfuttergabe ausreichend.

Da Kraftfutter von Pferden gerne hastig verschlungen wird, kann man große Steine in den Trog legen, um die Pferde vor schnellem Verzehr zu hindern. Raufutter wird grundsätzlich vom Boden gefüttert, weil dies die natürliche Futteraufnahme ist. Bei in Heuraufen angebotenem Raufutter drückt das Pferd beim Fressen seinen Rücken unnatürlich durch, außerdem können Staub- und Heuteile in die Augen und Nüstern fallen.

Der Magen- und Darmtrakt des Pferdes ist auf oftmalige, aber kleine Futteraufnahme ausgelegt. Pferde sollten darum mindestens dreimal täglich gefüttert werden.

Das Tränken

Idealerweise steht den Pferden ständig sauberes Trinkwasser zur freien Aufnahme zur Verfügung. Wasser ist für alle Säugetiere lebensnotwendig. Es hat Einfluss auf die Leistungsfähigkeit, Gesundheit, Funktion des Magen- und Darmtraktes und reguliert den Wasserhaushalt. Durch Schwitzen wird viel Flüssigkeit ausgeschieden, das durch Trinken wieder ersetzt werden muss. Auch bei hohen Temperaturen benötigen die Tiere mehr Wasser. Ein Teil der benötigten Flüssigkeit kann man durch Saftfutter abdecken. So trinken Pferde beispielsweise weniger, wenn sie mit Gras gefüttert werden als wenn ihnen Heu vorgelegt wird.

Der Wasserverbrauch eines Pferdes hängt aber auch von der Rasse ab. So kommen vollblütige (Wüsten-) Pferde mit wesentlich weniger Wasser aus als beispielsweise

5. FÜTTERUNG

Name der Pflanze	Vorkommen	Symptome	Als Heu giftig
Adlerfarn	Waldränder, Waldwiesen	Nervöse Störungen, Krämpfe, blutiger Durchfall	Ja
Adonisröschen	Trockene Wiesen	Schleimhautschwellungen, Durchfall, Atemnot, Gleichgewichtsstörungen	Ja
Arnika	Wiesen, Heiden		Ja
Bingelkraut	Ödland, Äcker, Wiesen, Heiden	Magen-, Darm- und Nierenentzündung, Nesselfieber, Lähmungen, Ödem, blutiger Harn	
Bilsenkraut	Äcker, Ödland	Lähmungen, Koliken	Ja
Blauer Eisenhut	feuchte Wälder	Koliken, Durchfall, Nierenentzündung	Ja
Buschwindröschen	Bergwiesen, Wälder, Gebüsch	Nierenentzündung, Herzschwäche	
Buchsbaum	Heckenpflanze	Kolik, Schwindel, Lähmung des Nervenzentrums, **tödliche Dosis: 750 g Blätter!**	
Christrose	Buchenwälder	Schleimhautätzend	
Eibe	oft Hecken	Kolik, Schwindel, Herz- und Atemlähmung, **tödliche Dosis: 100 g Nadeln!**	
Fingerhut	Waldränder	Herzlähmung, Kreislaufstörungen, tödliche Dosis: 100 g Blätter	Ja
Geißblatt	Wälder, Lichtungen		
Goldregen	Zierstrauch	Krämpfe, Koliken, Atemlähmung, **tödliche Dosis: 200 g Samen**	Ja
Hahnenfuß	Wiesen, Weiden	Durchfall, Darmentzündung, Speichelfluss Herzschwäche	
Herbstzeitlose	Wiesen, Weiden	Kolik, Durchfall, Atemlähmung	Ja
Jakobskreuzkraut	Wiesen, Äcker, Waldrand	Appetitlosigkeit, Abgeschlagenheit, dunkler Harn	Ja

Warmblüter. Natürlich ist auch die Größe und somit Masse des Pferdes für den Wasser- (und Futter-) Verbrauch entscheidend. Kleine Ponys benötigen logischerweise weniger als Großpferde.

Man kann davon ausgehen, dass ein Pferd pro 100 kg Lebendgewicht in etwa sieben Liter Wasser benötigt. Ein 450 kg schweres Pferd säuft somit zwischen 30 und 35 Liter am Tag.

Um den Wasserverbrauch zu überwachen, ist die Tränkung aus Eimern oder Bottichen sinnvoller als die Installation von Selbsttränken. Es ist aber wichtig, das Wasser täglich zu kontrollieren, dass es frisch und in ausreichender Menge vorhanden ist. Das erfordert einige Mühe, denn das Wasser muss in der Regel täglich nachgefüllt werden. Selbsttränken gewährleisten ebenfalls ständigen Zugang zu sauberem, frischem Wasser. Man muss aber dennoch täglich die Funktionstüchtigkeit der Tränke überprüfen und das Becken vor Verschmutzung reinigen. Im Winter können die Leitungen einfrieren. Wenn sie nicht gegen Frost geschützt werden können, muss man auf Eimertränkung umstellen.

Giftpflanzen

Pferde meiden in der Regel instinktiv die Aufnahme von unverträglichen Pflanzen, trotzdem können die Tiere

5. Fütterung

versehentlich giftige Pflanzen abschlucken, was zu Erkrankungen, Vergiftungserscheinungen und sogar zum Tod führen kann. Als Reiter sollte man die giftigen Pflanzen kennen, um sie von den Weiden zu entfernen, damit eine versehentliche Aufnahme durch die Pferde verhindert werden kann. Beim Ritt ins Gelände sollte das Naschen am Wegesrand tabu sein, denn vor allem hastig fressende, futterneidische Pferde schnappen gerne mal unbedacht zu, um das eine oder andere Gräslein zu ergattern.

Giftpflanzen sollte man aber nicht nur beim Namen kennen, sondern auch wissen, wie sie aussehen. Manche Arten sind von ungiftigen Pflanzen nur schwer zu unterscheiden wie beispielsweise der Sumpfschachtelhalm. Der giftige Sumpfschachtelhalm ist dem ungiftigen (sogar als Heilpflanze verwendeten) Ackerschachtelhalm sehr ähnlich. Unterscheiden kann man die Pflanzen an kleinen Merkmalen, so ist beim Ackerschachtelhalm der untere Sprossabschnitt des Hauptprosses stets kürzer als der der Seitenäste. Beim Sumpfschachtelhalm ist der Sprossabschnitt des Hauptprosses hingegen länger als der der Seitenäste. Unterschiedlich ist auch der Querschnitt des Stängels.

Manche Giftpflanzen verlieren durch Trocknung ihre Giftigkeit,

Name der Pflanze	Vorkommen	Symptome	Als Heu giftig
Lebensbaum (Tuja)	Zierbaum, Hecken	Kolik, Schleimhautreizung, Leberdegeneration	
Liguster	Hecken	**tödliche Dosis: 100 g**	
Lupine	Böschungen	Krämpfe, Hufrehe, Leberschäden	Ja
Nachtschatten	Wegränder	Durchfall, Teilnahmslosigkeit, Niederstürzen, dunkler Harn	Ja
Oleander	Zierpflanze	Kolik, Durchfall, Herzschwäche	
Pfaffenhütchen	Wälder, Gebüsch	Durchfall, Kreislaufstörung	
Rhododendron	Zierpflanze	blutiger Durchfall, Krämpfe, Schleimhautreizung	
Robinie (falsche Akazie)	Hecken	Kolik, Hufrehe, Herzschwäche **Robinienrinde ist tödlich**	
Rotbuche	Wälder, Parks	Kolik, Krämpfe, Zittern, **tödliche Dosis: 1 kg Bucheckern**	
gefleckter Schierling	Äcker	Krämpfe, Muskelschwäche, Lähmungen	Ja
Seidelbast	Heiden, Wiesen, Wälder	Darmentzündung, Schleimhautschwellung, **tödliche Dosis: 30 g Rinde**	
Schneeball	Hecken, Gebüsch, Waldränder		
Stechapfel	Wegränder, Gärten	Lähmungen, Aufregung, weite Pupillen, trockene Schleimhäute	Ja
Maiglöckchen	Waldränder		
Sumpfschachtelhalm	nasse Wiesen	Taumeln, weite Pupillen, Erregbarkeit (Symptome erst nach mehrmonatiger Aufnahme)	Ja
Tollkirsche	Wälder	Lähmungen, Aufregung, weite Pupillen, Taumeln, **tödliche Dosis: 100 g Samen**	

39

5. PFLEGE

doch einige bleiben auch als Heu giftig. Die wichtigsten Giftpflanzen sind in den Tabellen auf Seiten 38/39 aufgeführt.

DIE PFLEGE DES PFERDES

Unter dem Begriff Pferdepflege versteht man nicht nur das Säubern des Tiers, sondern auch die artgerechte Versorgung. Es bedeutet, gesundheitsfördernde Situationen zu schaffen, was übrigens nicht immer mit Sauberkeit gleichgesetzt werden kann. Ein gepflegtes Pferd ist ein gesundes Pferd, wobei die Voraussetzungen hierzu – in erster Linie die Haltungsform – eine wesentliche Rolle spielen und die Art und Weise des Putzens und Versorgens des Pferdes beeinflussen. Um ein Pferd richtig zu pflegen, muss der Besitzer die natürlichen Bedürfnisse des Tiers kennen und berücksichtigen.

Säubern von Fell und Huf

Die richtige Pflege gehört ebenso zur Versorgung des Pferdes wie die tägliche Stallarbeit, die das Ausmisten, Füttern und Tränken beinhaltet. Man untersucht das Tier zunächst gründlich auf Verletzungen, die nicht immer sofort sichtbar sein müssen. Kleinste Stichwunden, die sich in unbehandeltem Zustand entzünden können (Einschuss), Abschürfungen, festgebissene Zecken, beginnende Ekzeme und dergleichen können nur nach gründlicher Untersuchung festgestellt werden. Auch kleinere Schwellungen sind nicht immer sofort auffällig und stumpfe Verletzungen entdeckt man oftmals erst durch den Berührungsschmerz des Pferdes. Deshalb streicht man dem Pferd mit der flachen Hand über den gesamten Körper. Erst wenn keine Wunden versorgt werden müssen, beginnt man mit dem Putzen des Pferdes.

Das Pferd wird nicht nur geputzt, um Verunreinigungen aus seinem Fell zu beseitigen, sondern dient auch zur Durchblutung und Massage des Pferdes. Kranke Pferde, denen der Tierarzt Boxenruhe verordnet hat, sollte man täglich putzen, um die Durchblutung und somit den Kreislauf anzuregen, aber auch, um die innige Beziehung zum Pferd zu festigen und in den langweiligen Boxenaufenthalt etwas Abwechslung zu bringen.

Grundsätzlich sollte jedes Pferd sein eigenes Putzzeug haben, damit die Übertragung von Hautkrankheiten weitgehend vermieden werden kann. Vor dem Reiten ist das Putzen des Pferdes notwendig, damit es keine Verschmutzungen zwischen Sattel und Pferderücken gibt, die Druckstellen verursachen könnten. Besonders gründlich sollte deshalb die Sattel- und Gurtlage gereinigt werden, aber auch der Kopf, an dem das Zaumzeug liegt, und eventuell die Beine, wenn Gamaschen angelegt werden sollen.

Vom übermäßigen Putzen des im Offenstall gehaltenen Pferdes ist aber abzuraten, weil man mit Striegel und Kardätsche auch die schützende Fettschicht von der Haut des Pferdes wegputzt. Diese Fettschicht hält in erster Linie das Regenwasser von der Haut fern, sofern es nicht bereits vom natürlichen Haarkleid des Pferdes abgeleitet worden ist, und schützt vor kaltem Wind. In der kalten Jahreszeit sollte man das Pferd deshalb auch nicht mit Shampoo oder Seife waschen, weil diese Reinigungsmittel das Fett vollständig ablösen, und die Pferde schließlich frieren. Es dauert einige Tage, bis die schützende Fettschicht wieder aufgebaut ist.

So wird man den gröbsten Schmutz mit dem (weichen Gummi-) Striegel entfernen und mit der Kardätsche leicht nachbürsten. Blitzblank hingegen putzt man das Pferd nur vor einem Turnier, damit man sich und seinen vierbeinigen Partner von der besten Seite zeigen kann. Im Sommer wäscht man das Pferd mit einem milden (Kinder-) Shampoo, spart aber den Kopf dabei aus. Nachdem das Fell in der Sonne getrocknet ist, kann man es noch mit Fellglanzspray behandeln, um

5. Pflege

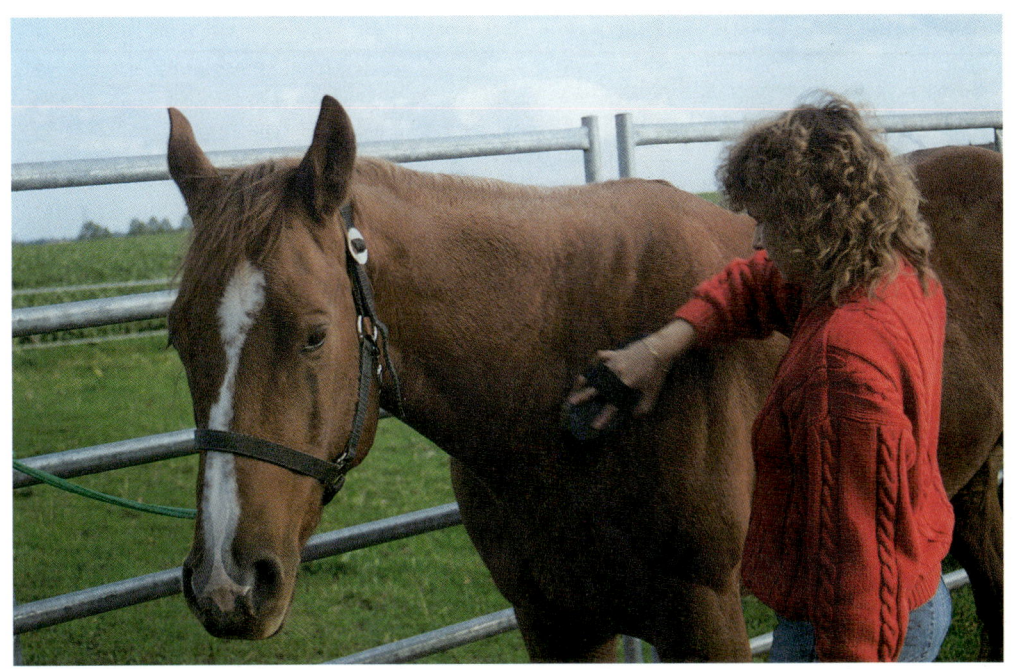

Das Putzen dient nicht nur der Säuberung des Fells, sondern wirkt auch massierend und regt die Durchblutung an.

ihm noch eine besondere Note zu verleihen. Im Winter muss gründliches Putzen ausreichen, um Erkältungen auszuschließen.

Die Nüstern und die Maulpartie reinigt man mit einem feuchten Schwamm, ebenso die Aftergegend. Aus Hygienegründen sollte hierfür aber ein separater Schwamm zur Verfügung stehen.

Boxenpferde kann man gründlicher putzen, weil sie aufgrund geschlossener Stallhaltung nicht so stark auf die Fettschicht angewiesen sind. Das Wälzen und die Fellpflege durch Artgenossen hingegen, das den Boxenpferden oftmals verwehrt ist, lässt sich mit Putzen aber nicht ersetzen.

Die Hufpflege ist eine Wissenschaft für sich und besteht nicht nur aus Hufauskratzen und Fetten der Hornkapsel. Richtige Hufpflege bedeutet, den Feuchtigkeitshaushalt auf natürliche Art und Weise zu regulieren. Hierzu muss man die Beschaffenheit des Hufs einschätzen können.

Zunächst wird der Huf täglich ausgekratzt, um eingetretene Steinchen und hornzersetzenden Schmutz (Kot) zu entfernen. Des weiteren überprüft man den Huf auf Verletzungen (Nageltritt usw.), Hornspalten, Risse, Ausbrüche und dergleichen. Die Hufe eines naturnah gehaltenen Pferdes müssen weder geölt noch gefettet werden. Es gilt lediglich darauf zu achten, ob der Feuchtigkeitshaushalt in Ordnung ist. In sehr trockenen Sommermonaten ist es oftmals notwendig, den Huf mit Wasser abzuspritzen, damit dieser die notwendige Feuchtigkeit aufnehmen kann. Damit kann man brüchigen Hufen vorbeugen. Unterstützen kann man die Wässerung, indem man die

5. PFLEGE

Hufe in noch feuchtem Zustand mit einem guten Pflegemittel (zum Beispiel Hufbalsam) behandelt, damit die Feuchtigkeit am Huf gehalten wird, bis diese einziehen konnte. Pferde, die tagtäglich auf nassem Boden stehen, können ein schwammiges Hufhorn bekommen. Vor allem urindurchtränkte Einstreu ist aggressiv und zersetzt das Hufhorn regelrecht. Die tägliche Entfernung des Mistes und gut saugende Einstreu ist deshalb wichtig. Aber auch Weidepferde, die über längere Zeit auf nassen Wiesen stehen, können weiche Hufe bekommen. Huffette oder -öle sind wasserabweisend und können kurzzeitig das Eindringen von Feuchtigkeit in den Huf verhindern. Besser ist aber ein trockener und sauberer Unterstand. Ein dosierter Wechsel von nassem und trockenem Untergrund ist für die Hufe des Pferdes am natürlichsten.

Eine schlechte Hufqualität kann aber auch auf Vitaminmangel zurückzuführen sein. Dies ist allerdings relativ selten, doch kann sich die Gabe von Biotin (Vitamin H) positiv auf die Hufqualität auswirken. Nur etwa fünf Prozent aller Pferde mit mangelhaften Hufen leiden unter Biotinmangel, meist ist die unnatürliche Haltung der Grund für schlechte Hufe. Zur Förderung des Hufwachstums kann man den Kronrand auch mit reinem Lorbeeröl einmassieren, was ebenfalls zu Verbesserungen führen kann.

Putzen und Hufeauskratzen sind ideale Gelegenheiten, auch für eine gute Erziehung des Pferdes zu sorgen. Das Pferd soll dabei ruhig und geduldig stehen. Dies erreicht man durch konsequenten Umgang.

Hufeauskratzen gehört zur täglichen Pferdepflege, um eingetretene Steinchen oder Fremdkörper zu entfernen.

Die Versorgung nach dem Ritt

Ein Pferd ist kein Motorrad, das man nach Gebrauch einfach in der Garage abstellen kann. Eine gründliche Versorgung nach dem Reiten ist unverzichtbar, will man das Pferd gesund erhalten.

5. PFLEGE

Prinzipiell gilt die Regel, dass kein Pferd verschwitzt am Stall ankommen darf. Wenn der Vierbeiner bei der Arbeit schwitzt, muss er trockengeritten werden, bevor er in den Stall entlassen wird. Im Sommer sind die Tiere normalerweise recht schnell abgetrocknet. Die verklebten Schweißkrusten werden dann mit dem Striegel entfernt. Eine willkommene Erfrischung ist es auch, das Pferd mit dem Wasserschlauch abzuspritzen. Hierzu beginnt man bei den Hufen und geht langsam über die Fessel zum Sprunggelenk beziehungsweise Vorderfußwurzelgelenk und Knie respektive Schulter nach oben. Die Abkühlung muss langsam erfolgen, damit das Pferd keinen Kreislaufschock bekommt. Nach dem Abspritzen zieht man das Fell mit einem Schweißmesser ab. In der kühlen Jahreszeit wird das Pferd – wenn überhaupt – nur bis zum Sprung- bzw. Karpalgelenk mit Wasser abgespritzt.

Im Winter ist es möglicherweise notwendig, auf schnellere Gangarten zu verzichten, damit der vierbeinige Partner nicht ins Schwitzen kommt. Manchmal schwitzen die Pferde aber auch schon beim Schrittreiten, vor allem, wenn sie ein dichtes Winterfell ausgebildet haben. In diesem Fall ist es nicht möglich, das Pferd trockenzureiten. Es kann helfen, den Vierbeiner eine Viertelstunde zu führen, meist bleibt das Fell aber feucht oder nass. Hierfür hat die Industrie Abschwitzdecken erfunden, die man verschwitzten Pferden auflegt. Diese speziellen Decken führen die Feuchtigkeit von innen nach außen. Nach etwa 30 bis 45 Minuten ist das Pferd trocken, dafür ist die Decke feucht. Deshalb muss die Abschwitzdecke nach dieser Zeit wieder abgenommen werden, weil das Tier sonst quasi mit einem „nassen Pullover" dasteht. Hilfreich ist es übrigens, wenn man unter die Abschwitzdecke noch eine Lage Stroh packt. Dabei entsteht eine warme Luftschicht zwischen dem Pferd und der Decke, welche das Abschwitzen beschleunigt.

Nach jedem Reiten wird das Pferd auf Verletzungen untersucht, die Hufe ausgekratzt und das Fell vor verklebtem Schweiß gesäubert. Ist das Tier unverletzt und trocken, kann man es in den Stall (Weide, Auslauf) entlassen.

Im Sommer ist es eine willkommene Abwechslung für das Pferd, es mit einem Wasserschlauch abzuspritzen.

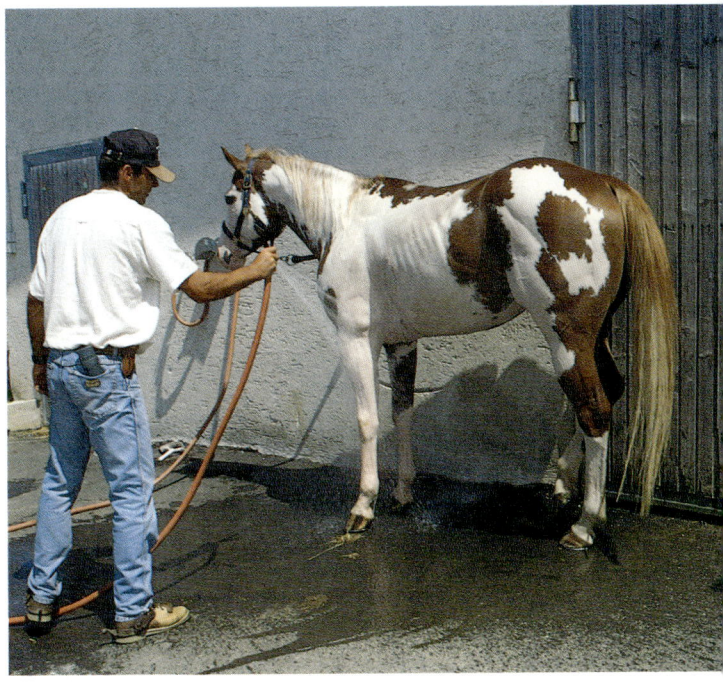

6. KRANKHEITEN

Krankheiten

Der Gesundheitszustand.

Pferdekrankheiten erkennen.

Krankheiten vorbeugen.

Die PAT-Werte.

Atemwegserkrankungen.

Erkrankungen des Verdauungsapparates.

Lahmheiten.

Sonstige Erkrankungen und Verletzungen.

Gewährsmängel.

Die Notfallapotheke.

Impfungen und Wurmkuren.

Dieses Pferd ist topfit und gesund: Es ist aufmerksam, spitzt die Ohren interessiert, hat wache Augen und ein glänzendes Fell.

6. KRANKHEITEN

DER GESUNDHEITSZUSTAND

Es sollte für den Pferdebesitzer nichts Erstrebenswerteres geben als die Gesunderhaltung seines Vierbeiners. Nur ein gesundes Pferd ist einsatz- und leistungsfähig, was für das Reiten und die Zucht gleichermaßen von großer Bedeutung ist. Lahmt das Pferd auf einem Bein, ist es erkältet oder plagt es sich auch nur mit einer Augenentzündung, muss das Tier im Stall bleiben und darf nicht geritten werden. Abgesehen von der Nutzungstauglichkeit ist es für den Pferdefreund auch deshalb eine Pflicht, die Gesundheit seines vierbeinigen Partners zu erhalten, weil er als Besitzer die Verantwortung für das Tier übernommen hat und schon aus moralischen Gründen für ein gesundes Leben sorgen muss.

Es ist nicht immer einfach, Leiden und Krankheitserscheinungen auf den ersten Blick zu erkennen, doch die Tiere senden bestimmte Signale aus, an denen man zumindest erkennen kann, dass etwas nicht in Ordnung ist. Gesunde Pferde nehmen interessiert das Treiben in der Umgebung auf, spielen lebhaft mit den Ohren, haben klare Augen und ein glänzendes Fell. Sie nehmen ihre Nahrung mit Appetit auf, atmen ruhig und regelmäßig und scheiden einen mäßig festen, bräunlich-grünen Kot und trübgelben Urin aus.

Pferde, die mit hängendem Kopf und halb geschlossenen Augen in der Ecke stehen, müssen aber nicht unbedingt krank sein. Möglicherweise haben sie gerade ihre Dösphase. Bietet man den Tieren Futter an, weicht die Schläfrigkeit bei einem gesunden Pferd spontan.

Die PAT-Werte

Jeder Pferdebesitzer sollte die Puls-, Atmungs- und Temperatur-Werte (PAT-Werte) seines Pferdes messen können. Dies ist notwendig, um bei Krankheitsverdacht dem Tierarzt schon am Telefon möglichst viele Daten mitteilen zu können. Der Tierarzt kann sich auf diese Weise ein genaueres Bild von der Ursache machen und die Schwere der Erkrankung im Vorfeld einschätzen. Der Puls kann an verschiedenen Stellen des Pferdes gemessen werden. Am einfachsten ist die Pulsmessung an der Arterie des Unterkieferrandes. Zu erfühlen ist der Puls aber auch an der unbehaarten Unterseite der Schweifrübe, hinter dem Ellenbogenhöcker und oberhalb des Fesselgelenks. Der Pulswert eines gesunden Pferdes liegt zwischen 28 und 40 Schlägen pro Minute. Der Einfachheit halber misst man 15 Sekunden lang und multipliziert den Wert mit vier.

Hochblütige Pferde haben oftmals einen relativ niedrigen Puls, während bei manchen Ponys Werte bis zu 45 Schläge pro Minute noch normal sind.

Für die Atmenmessung legt man die Hand an die Nüstern oder die Flanke. Die Nüstern- und Flankenbewegungen sind aber auch mit dem Auge erkennbar. 8 bis 16 mal in der Minute atmet ein gesundes Pferd in Ruhe. Die Atemfrequenz und der Puls können sich drastisch erhöhen, wenn das Tier aufgeregt ist oder hohe Leistungen von ihm gefordert werden. Der Tierarzt misst die Atmung in der Regel an der Luftröhre mit Hilfe eines Stethoskops.

Die Temperaturmessung erfolgt mit einem Fieberthermometer am After des Pferdes. Zur besseren Gleitfähigkeit kann man das Thermometer anfeuchten und etwas Vaseline auftragen. Seitlich vom Pferd stehend, nimmt man den Schweif hoch und führt das Thermometer langsam ein. Während der Messung wird das Thermometer festgehalten. Nach etwa zwei Minuten (Digitalthermometer zeigen das Ende der Messung mit einem Piepston an) zieht man das Thermometer sanft heraus und liest die Temperatur ab.

Gesunde Pferde kommen auf einen Wert zwischen 37,5 und 38,2 Grad. Ein Wert über 39,5 Grad bedeutet hohes Fieber, doch bei jeder

6. KRANKHEITEN

Temperaturerhöhung über dem Grenzwert von 38,2 Grad sollte der Tierarzt gerufen werden. Bei Fohlen kann die Normaltemperatur etwas höher liegen, hier gilt als oberer Grenzwert 38,5 Grad Celsius.

Die PAT-Werte im Überblick:
Puls:
28 – 40 Schläge pro Minute
Atmung:
8 – 16 Atemzüge pro Minute
Temperatur:
37,5 bis 38,2 Grad Celsius.

Den Puls misst man an der Arterie des Unterkieferrandes. Durch leichten Druck mit den Fingern lässt sich der Puls erfühlen.

PFERDEKRANKHEITEN ERKENNEN

Tiere können sich nicht auf dieselbe Weise mitteilen wie der Mensch, deshalb ist es oftmals schwierig zu erkennen, ob und was einem Pferd möglicherweise fehlt. Gerade Pferde drücken ihren Schmerz nicht durch Schreien oder Stöhnen aus, so dass viel Einfühlungsvermögen notwendig ist, um überhaupt die Leiden eines Pferdes wahrzunehmen.

Wenn man bedenkt, dass das Pferd trotz taktreinem Gang Schmerzen in den Beinen haben kann, zeugt von der Schwere einer Verletzung, wenn bereits eine Lahmheit erkennbar ist. Sicherlich haben viele als „schlechte Tage" abgetane Fälle nicht nur damit zu tun, dass die Pferde launisch waren oder das Wetter zu warm gewesen ist. Vielmehr kann auch ein Pferd einmal Bauchschmerzen, Muskelkater oder schmerzhafte Verspannungen haben, die es jedoch durch Gesten oder andere Kommunikationsmittel nicht zeigen kann. Darum sollte man immer auf der Hut sein und auch kleinste Anzeichen nicht als Lapalie abtun, sondern ernsthaft über die Ursache von ungewohntem Verhalten nachdenken.

Ziemlich sichere Hinweise auf Krankheiten geben Verhaltensweisen wie Unruhe, Teilnahmslosigkeit, häufiges Wälzen und hastige Atmung. Anzeichen auf Krankheiten können auch übelriechender Kot, Nasen- und Augenausfluss, Schweißausbrüche, matte Augen und steife Bewegungen sein. Über längere Zeit entstandene Krankheiten (Verwurmung, Unterernährung, Nährstoffmangel usw.) werden durch ein mattes, stumpfes Fell und Abmagerung sichtbar.

Hat man einen Verdacht auf eine Krankheit oder Verletzung, überprüft man zunächst die PAT-Werte und teilt dem herbeigerufenen Tierarzt bereits am Telefon eventuelle Abweichungen von den Normalwerten mit. Lieber ruft man einmal zu oft den Tierarzt, als dass es einmal zu spät dazu ist. Obwohl man dem Rat des Tierarztes vertrauen sollte, kann es dem Pferdebesitzer – vor allem für die richtig durchge-

6. KRANKHEITEN

führte Erste Hilfe – sehr nützlich sein, über die häufigsten Krankheiten Bescheid zu wissen.

Atemwegserkrankungen

Die meisten Atemwegserkrankungen gehen mit Husten einher. Deshalb sollte man **Husten** sehr ernst nehmen und das betreffende Pferd eingehender untersuchen. Zwar kann sich das Pferd auch einmal verschlucken, worauf es dann hustet, doch hört man den Vierbeiner öfters husten, sollten die Alarmglocken bimmeln. In der Regel ist Husten das erste Anzeichen von Infektionskrankheiten, die dann mit Nasenausfluss (erst wässrig, dann möglicherweise eitrig), Mattigkeit und Fieber fortschreiten. Hustet ein Pferd, muss dies aber nicht unbedingt eine Infektionskrankheit sein. Es kann sich auch um einen allergischen Husten handeln, der durch Staub oder Schimmelpilzsporen ausgelöst wird. Nicht artgerecht gehaltene Pferde, die ständigem Stallmief (Ammoniakdämpfe) oder feuchtwarmer Stallluft ausgesetzt sind, sind die ersten Kandidaten für allergischen Husten und andere Atemwegserkrankungen. Die aggressive Luft greift die Lungen und Luftwege an. Für Pferde mit chronischen Atemwegsleiden hilft nur die Umsiedelung in einen Offenstall, der genügend frische Luft bietet. Auch bei chronischen Hustern verbessert sich in fast allen Fällen das Krankheitsbild, viele Tiere genesen sogar vollends.

Eine **infektiöse Bronchitis,** besser bekannt auch als **Influenza** oder Pferdehusten, ist eine hochansteckende Virusinfektion der Bronchien. Die Pferde husten und haben meist leichten Nasenausfluss. Die Temperatur ist oft mäßig erhöht. Übertragen wird die Krankheit durch Tröpfcheninfektion (Nasenausfluss). Der Tierarzt behandelt mit Antibiotika und schleimlösenden Mitteln. Das erkrankte Pferd soll sich in frischer Luft bewegen, darf sich aber nicht anstrengen. Jede Krankheit muss gut ausgeheilt werden, ein zu früher Einsatz des Pferdes kann zu Rückschlägen und chronischen Leiden führen.

Erkrankte Pferde sollten prophylaktisch mit nassem Heu gefüttert werden, da sich aus einem virusbedingten Husten nicht selten ein chronisch-allergischer Husten entwickeln kann.

So kann sich aus einer Influenza beispielsweise eine Lungenentzündung oder chronische Bronchitis entwickeln. Bei der **Lungenentzündung** weitet sich die Infektion auf die Lungenbläschen aus. Die Folge einer unbehandelten Lungenentzündung kann Dämpfigkeit sein, die schließlich nicht mehr heilbar ist. Eine hochansteckende bakterielle Infektionskrankheit ist die **Druse,** bei der die Lymphknoten am Kopf des Pferdes stark anschwellen und vereitern. Während des Krankheitsverlaufs brechen die Lymphknoten auf, in manchen Fällen öffnet der Tierarzt die Vereiterung. Das Pferd hat hohes Fieber (bis 40 Grad), leichten Nasenausfluss und häufig Schluckbeschwerden. Bei Verdacht auf Druse muss der Tierarzt schnell gerufen werden, um die Verschleppungsgefahr einzudämmen. Gefährdet ist der ganze Pferdebestand im Stall, weil Druse hochansteckend ist. Obwohl eine Ausbreitung im Stall häufig nicht vermieden werden kann, sollte man sie nicht auch noch forcieren. Das infizierte Pferd wird möglichst unter Quarantäne gestellt, der Kontakt zu anderen Pferden verhindert. Futtertröge, Wassereimer, Putzzeug und Decken muss für jedes einzelne Pferd zur Verfügung stehen. Nach dem Kontakt mit dem kranken Pferd sollte man seine gesamten Kleider wechseln sowie Haare und Hände gründlich waschen, um eine Ausbreitung der Infektion zu vermeiden. Keime können sogar über das Auto oder Haustiere wie Hund und Katze übertragen werden.

Erkrankungen des Verdauungsapparates

Alle möglichen Erkrankungen des Bauch- oder Beckenraums fasst man

6. KRANKHEITEN

zu einem Begriff zusammen: **Kolik**. In der Regel sind bei einer Kolik die Verdauungsorgane betroffen. Meist sind es Fütterungsfehler, die zu einer Erkrankung des Magen-Darm-Traktes führen. Koliken können aber auch durch Aufregung, Wetterumschwung oder Vergiftungen ausgelöst werden.
Häufige Kolikauslöser sind verdorbenes, schimmliges Futter, zu viel Kraftfutter, plötzliche Futterumstellung (zu viel Frühjahrsgras) und zu frisches Heu oder Getreide. Hastig fressende Pferde und allgemein nervöse Tiere neigen eher zu Koliken als ruhige, langsam und bedächtig kauende Pferde.
Jede Kolik ist als Notfall anzusehen, der Tierarzt muss sofort verständigt werden. Obwohl sich manche Krampf- und Verstopfungskoliken sowie Blähungen von selbst bessern, kann es aber auch schnell zu einem lebensbedrohlichen Darmverschluss kommen. Verzögerungen können deshalb das Leben des Pferdes kosten.
Die ersten Anzeichen einer Kolik sind Scharren, Unruhe, Umsehen nach dem Bauch, gestreckte Stellung und Hinlegen. Manchmal schlagen die Pferde auch mit den Hinterbeinen gegen den Bauch. Die Darmgeräusche können ausbleiben. In weiterführendem Stadium beginnen die Pferde zu schwitzen, werfen sich auf den Boden, wälzen sich, und beginnen zu toben. Der Puls steigt auf bis zu 100 Schläge in der Minute.

Bei leichten Symptomen und einem Puls unter 60 Schlägen pro Minute kann man das Pferd führen, wenn es willig folgt. Auch das Wälzen darf man dem Pferd gestatten, es darf aber unter keinen Umständen fressen oder saufen. In der Regel verweigert das Tier die Nahrungsaufnahme sowieso. Um die Schmerzen bis zum Eintreffen des Tierarztes zu lindern, kann man es mit einer sanften Bauchmassage versuchen.
Liegt eine **Vergiftung** vor, kann es ebenfalls zu kolikartigen Symptomen kommen. Allerdings äußern sich Vergiftungserscheinungen auch durch wankenden Gang, Kreislaufversagen, Durchfall, Apathie, blutigen Kot, Nasenbluten, Atemnot und hohem Puls. Vergiftungen können durch Giftpflanzen, aber auch durch chemische Produkte (Farben, Öle, Holzschutzmittel, Dünger, Pflanzenschutzmittel) auftreten. Für geeignete Behandlungsmaßnahmen durch den Tierarzt ist es für den Tierhalter wichtig, die Giftquelle ausfindig zu machen.
Obwohl der **Durchfall** als Begleiterscheinung vieler Magen-Darm-Erkrankungen vorkommt, kann er alleinig durch Fütterungsfehler hervorgerufen werden. Meist leiden Pferde unter Durchfall, wenn sie zu schnell von Heu- auf Grasfütterung im Frühjahr umgestellt werden, aber auch verdorbene Futtermittel können Durchfall erzeugen. Psychisch bedingter, kurzzeitiger Durchfall tritt bei Nervosität auf (Verladen, Umritte, Turniere usw.) Hat das Pferd länger als vier Tage Durchfall, sollte der Tierarzt zu Rate gezogen werden. Wässriger Durchfall hingegen verlangt nach einer sofortigen tierärztlichen Behandlung.
Eine **Verwurmung** kann ebenfalls kolikartige Anzeichen, aber auch Abmagerung, glanzloses Fell, Leistungsabfall und allgemeine Schwäche haben. Je nach Art des Wurmbefalls zeigen Pferde auch Juckreiz am After (Pfriemenschwanzbefall) und bei Befall der Dasselfliege gelbe Punkte an den Vorderbeinen und der Brust (= Eiablage der Dasselfliege auf dem Fell des Pferdes). Akuter Wurmbefall kann den gesamten Organismus des Pferdes schädigen. Es ist deshalb auf eine viermalige Entwurmung jährlich mit wechselnden Wurmmitteln zu achten.
Die Unkenntnis mancher Pferdebesitzer über die richtige Fütterung von trockenen Rübenschnitzeln verursacht Blähungen, Koliken und **Schlundverstopfung**. Trockene Rübenschnitzel müssen in Wasser über mindestens 12 Stunden eingeweicht werden. Sie quellen auf und können dann verfüttert werden. Uneingeweichte Trockenschnitzel quellen im Magen des Pferdes oder im Schlund auf und können so eine Kolik oder Schlundverstopfung verursachen. Aber auch zu wenig zerkleinerte Apfel- oder Brotstücke

6. Krankheiten

können dem Pferd im wahrsten Sinne des Wortes im Halse steckenbleiben. Vor allem gierige und hastig fressende Pferde sind von einer Schlundverstopfung bedroht. Die Symptome sind Würgen, Husten, Stöhnen, eventuell in Zusammenhang mit Atemnot. Das Pferd hält den Kopf und Hals gestreckt, aus dem Maul fließen Speichel und Futterbestandteile.

Bis zum Eintreffen des Tierarztes, der sofort gerufen werden muss, hält man den Kopf des Pferdes tief, damit der Speichel ablaufen kann und nicht in die Luftröhre gelangt. Das Pferd darf weder fressen noch saufen, auch Bewegung ist nicht erlaubt. Eine vorsichtige Massage am Hals des Pferdes in Richtung Kopf kann helfen, muss aber eingestellt werden, wenn das Pferd unruhig wird, würgt oder Abwehrreaktionen zeigt.

Erkrankungen des Magen-Darm-Traktes können auch durch **Zahnhaken** entstehen. Zahnhaken sind scharfe Ränder an den Backenzähnen, die durch ungleichmäßige Abnutzung der Zähne entstehen. Das Pferd frisst schlecht, verweigert womöglich das Futter gänzlich, kaut vorsichtig und lässt Futterteile aus dem Maul fallen. Trotz reichlicher Fütterung kann es zur Abmagerung kommen. In der Regel kommen Zahnhaken bei älteren Pferden vor. Der herbeigerufene Tierarzt wird die Zahnhaken mit einer Raspel abschleifen.

Lahmheiten

Es gibt sehr viele Ursachen für Lahmheiten, und oftmals ist die exakte Diagnose schwierig. Für den Pferdebesitzer ist es zunächst einmal wichtig, die Lahmheit zu erkennen. Der Gang des Pferdes ist dabei nicht taktrein. Zu sehen ist dies in erster Linie am Nicken des Kopfes, wobei der Kopf des Pferdes immer dann nach unten geht, wenn das Tier mit dem gesunden Bein auffußt. Es versucht auf diese Weise, das schmerzende Bein zu entlasten. Liegt die Lahmheit in der Hinterhand, ist dies am deutlichsten an der Kruppe zu sehen.

Je nach dem, wo ein Bein schmerzt, kann das Pferd auch einen klammen Gang zeigen, nur mit der Hufspitze auffußen oder – im schlimmsten Fall – das Bein überhaupt nicht mehr belasten. Viele Lahmheiten sind Folgen von Überforderung oder Verschleißerscheinungen. Häufig treten auch stumpfe oder offene Verletzungen auf, die zur Lahmheit führen. Konkrete Lahmheitsursachen können sein: Verstauchungen, Prellungen, Muskelzerrungen, Sehnenverletzungen, Knochenbrüche, offene Wunden (auch Mauke), Einschuss, Knochenveränderungen (Spat, Überbeine, Schale), Hufkrankheiten (Rehe, Vernagelung). Sehr viele Lahmheiten liegen in Hufkrankheiten begründet. Da der Huf jedoch aus einer harten Hornschale besteht, sind viele Krankheiten nicht sofort erkennbar, aber für das Pferd äußerst schmerzhaft. Eine Huflederhautentzündung ist dabei eine häufige Lahmheitsursache. Man unterscheidet zwischen einer eitrigen Huflederhautentzündung – auch **Hufgeschwür** genannt – und einer nichteitrigen Huflederhautentzündung (= Rehe). Hufgeschwüre können sich aus verschiedenen Ursachen entwickeln. Im Allgemeinen kommen das Eintreten von Steinchen, Nägel und anderen harten Gegenständen in Frage, aber auch Vernagelung oder falscher und zu enger Beschlag. Wird das Hufgeschwür nicht erkannt, leidet das Pferd unter starken Schmerzen, bis der Eiterherd den ganzen Huf durchhöhlt hat und am Kronrand ausbricht. Das Pferd geht hochgradig lahm, der Huf wird auf die Spitze gestellt. Der rechtzeitig benachrichtigte Tierarzt wird den Hufabszess aufschneiden, damit der Eiter abfließen kann. Der Druck verschwindet sofort, nachdem der Eiterherd geöffnet ist, und dem Pferd geht es besser. Die geöffnete Wunde muss jedoch sauber gehalten werden, damit keine weiteren Erreger eindringen können.

Eine gefürchtete Hufkrankheit ist die **Rehe**, welche verschiedene

6. KRANKHEITEN

Dieses Hufpräparat zeigt die bei der fortgeschrittenen Rehe eingetretene Hufbeinsenkung.

Ursachen haben kann. In den meisten Fällen wird sie durch Überfütterung mit eiweißreichem Futter ausgelöst, aber auch Nachgeburtsverhalten oder Überlastung auf hartem Boden können die Krankheit herbeiführen. Eindeutige Symptome einer akuten Rehe sind steifer Gang mit Schwerpunktverlagerung auf die Hinterhand und Trachtenfußung, weil meistens die Vorderbeine betroffen sind. Der Huf fühlt sich warm an, und es ist eine deutliche Pulsation im Bereich des Fesselkopfes zu spüren.

Die Erste-Hilfe-Maßnahme besteht daraus, die betroffenen Hufe zu kühlen und das Pferd in eine weich eingestreute Box zu stellen. Legt sich das Pferd nieder, sollte man es nicht auftreiben.

Bleibt die Hufrehe unerkannt und damit unbehandelt, droht eine Hufbeinsenkung, bei der sich das Hufbein von der Hornkapsel löst. Im Endstadium bricht das Hufbein durch die Hufsohle – dies bedeutet schließlich das Todesurteil für das Pferd.

Um Hufrehe vorzubeugen oder anfällige Pferde vor erneuten Reheschüben zu bewahren, ist immer auf eine ausgewogene Ernährung (keine Überfütterung) zu achten sowie auf Vermeidung von Überanstrengungen auf harten Wegen.

Alle Lahmheiten sind sehr schmerzhaft für ein Pferd, das aus diesem Grund unverzüglich dem Tierarzt vorgestellt werden muss, um dem Tier weitere Leiden zu ersparen und Folgeschäden vorzubeugen.

Die Symptome der Hufrehe sind denen des **Kreuzverschlags** oft ähnlich und kann deshalb verwechselt werden. Das Pferd versteift in seinen Bewegungen und rührt sich kaum mehr von der Stelle. In akuten Fällen kann das Pferd stürzen und festliegen. Die Kruppenmuskulatur ist bretthart, der Harn dunkel verfärbt (daher auch der Name „Schwarze Harnwinde", wie der Kreuzverschlag auch genannt wird). Die Ursache ist eine Muskelgewebsübersäuerung, die die Muskelzellen zersetzt. Sie entsteht durch plötzliche Kraftanstrengung nach mehrtägiger Ruhe bei gleichzeitiger unverminderter Kraftfuttergabe. Somit hat sich auch der Begriff „Feiertagskrankheit" geprägt.

Bei den ersten Anzeichen auf Kreuzverschlag muss die Arbeit sofort eingestellt werden. Das Pferd soll sich nach Möglichkeit nicht bewegen, auch Zurückführen zum Stall oder Transportieren ist zu

6. KRANKHEITEN

unterlassen. Die Kruppe wird mit einer Decke, einem Pullover oder einer Jacke warm gehalten und der Tierarzt sofort verständigt. Versucht sich das Pferd hinzulegen, muss man es daran unbedingt hindern.

Unsauber gehaltene Boxenpferde können an **Strahlfäule** erkranken, ein Bakterienbefall des Strahls, der sich langsam zersetzt. Meist ist die Strahlfäule die Folge von mangelnder Hufpflege und ständigem Stehen auf uringetränkter Einstreu. Von einer Behandlung mit Hufteer ist abzuraten, weil dieser einen Luftabschluss erzeugt, unter dem sich die Bakterien hervorragend weitervermehren können. Das faulige Strahlhorn wird hingegen mit dem Hufmesser weggeschnitten und der Huf mit desinfizierenden Mitteln (Kupfersulfatlösung) behandelt. Äußerste Sauberkeit mit täglichem Reinigen der Hufe und trockene Streu sind oberstes Gebot.

Eine Lahmheit kann sich einstellen, wenn das Pferd an **Mauke** erkrankt, eine Entzündung in der Fesselbeuge, die ebenfalls meist durch unsaubere Haltung entsteht. Die Mauke kann aber auch durch allergische Reaktionen ausgelöst werden, in der Regel kommt aber mangelhafte Stallhygiene in Betracht. In der Fesselbeuge bilden sich schorfige Krusten, die aufbrechen können und dabei blutig und eitrig nässen. Die Heilung dauert wochenlang, nicht selten bleibt das Pferd Dauerpatient. Spezielle Salben halten die Wunde weich und fördern die Heilung. Zur weiteren Heilungsunterstützung muss die Fesselbeuge möglichst trocken gehalten und nach jedem Abspritzvorgang mit dem Wasserschlauch mit einem Handtuch abgetrocknet werden.

Überlastung und Überdehnung können zur **Sehnenentzündung** führen, bei der der Sehnenbereich dick und warm wird, und das Pferd dabei stark lahm geht. Die Arbeit muss sofort eingestellt werden, das verletzte Bein wird intensiv mit Eis oder Kältepackungen gekühlt. Aufschwellungen können mit einem Stützverband gebremst werden. Die Sehnenentzündung muss gut ausgeheilt werden, um Rückschläge zu vermeiden.

Ebenso durch Überanstrengung, aber auch durch mechanische Einwirkungen (Schläge, Tritte) können **Gallen** entstehen. Das sind Flüssigkeitsansammlungen in den Gelenkskapseln, Sehnenscheiden oder Schleimbeutel, die überwiegend an den Fessel- und Sprunggelenken vorkommen. Man unterscheidet weiche und harte Gallen wobei erstere kaum schmerzhaft sind und als Schönheitsfehler gelten, während letztere eine Bewegungsbeeinträchtigung nach sich ziehen und Lahmheiten verursachen können.

Eine **Stollbeule** ist übrigens eine Schleimbeutelgalle am Ellenbogenhöcker. Sie wird durch den Druck des Hufeisens (beziehungsweise der Stollen – daher auch der Name) beim liegenden Pferd verursacht. Eine **Piephacke** ist ebenfalls eine Schleimbeutelgalle, jedoch am Fersenbeinhöcker.

Eine schwer zu heilende Lahmheit ist die **Strahlbeinlahmheit** oder **Hufrollenentzündung**. Sie entsteht durch Überbeanspruchung der sogenannten Hufrolle, zu der das Strahlbein, die tiefe Beugesehne und der Hufrollen-Schleimbeutel gehört. Der zwischen der tiefen Beugesehne und dem Strahlbein liegende Schleimbeutel wird gequetscht, worauf sich dieser entzündet. Die Entzündung des Schleimbeutels ist das erste Stadium der Strahlbeinlahmheit. In Folge wird der Knorpel des Strahlbeins in Mitleidenschaft gezogen und schließlich das Strahlbein selbst angegriffen. Eine endgültige Diagnose kann nur anhand von Röntgenbildern stattfinden, die Anfälligkeit auf die Krankheit ist vermutlich vererblich.

Der früher bei Hufrollenentzündung übliche Nervenschnitt wird heutzutage kaum mehr praktiziert. Das Pferd ist nach dem Nervenschnitt im Fuß gefühllos, die Krankheit bleibt aber vorhanden und verschlimmert sich normalerweise, weil sich das Pferd nicht mehr schont, da es kein Schmerzempfinden mehr hat. Die Heilungsaussichten sind gering,

6. KRANKHEITEN

dennoch kann man bei richtiger und geduldiger Behandlung auf Besserung hoffen.

Während vor allem Springpferde aufgrund der extremen Belastung bei der Landungsphase auf Hufrollenentzündung anfällig sind, ist **Spat** die sogenannte Berufskrankheit der Dressurpferde. Es handelt sich dabei um eine Verknöcherung der Gelenksspalten an den Innenseiten der Sprunggelenke. Für die Krankheit verantwortlich sind Knochenwucherungen, die durch eine Entzündung im Sprunggelenk ausgelöst werden. Überforderung und Verschleiß sind auch hier die Ausgangsursache. Die Spatprobe, bei der ein Hinterbein des Pferdes zwei Minuten hochgehalten wird, verstärkt den Schmerz kurzfristig. Nach dem Aufhalten des Hinterbeins wird das Pferd dazu veranlasst loszutraben. Geht das Pferd länger als drei Schritte lahm, kann dies ein Hinweis auf eine Spaterkrankung sein. Die Spatprobe sollte man aber nicht zu stark überbewerten, denn auch eine negative Spatprobe ist kein Beweis dafür, dass das Pferd keinen Spat hat.

Schale oder „Ringbein" ist eine chronische Gelenksentzündung, verbunden mit einer sichtbaren Knochenauftreibung. Die Knochendeformation – auch Arthrose genannt – umlagert das Huf-, Kron- oder Fesselgelenk vollends und behindert die Elastizität der Sehnen und Bänder. Überbeanspruchung ist auch hier in der Regel der Auslöser.

Ein **Überbein** entsteht aufgrund einer Knochenhautentzündung, die wiederum meist durch eine Bänderzerrung ausgelöst wird. Oft findet man Überbeine an der Innenseite des Röhrbeins beziehungsweise am Griffelbein. In selteneren Fällen können Überbeine auch durch Anschlagen entstehen. Gamaschen und Bandagen können gegen Überbeine vorbeugen. Nicht immer muss die Entstehung eines Überbeins mit einer Lahmheit einhergehen. Allerdings hat das Pferd anfänglich meist Schmerzen, ist die Entzündung nach entsprechender Ruhigstellung des Pferdes abgeklungen, verbleiben die Überbeine als haselnuss- bis walnußgroße harte Schwellungen, die keine Schmerzen mehr verursachen und deshalb als Schönheitsfehler angesehen werden.

Angelaufene, „dicke Beine" können mehrere Ursachen haben. Sind zwei oder gar alle vier Beine angeschwollen (die Schwellung beginnt über dem Fesselgelenk nach oben fortsetzend), kann man von einem **Stauungsödem** ausgehen. Boxenpferde sind oftmals längeren Stehzeiten ausgesetzt, welche die Durchblutung hemmen und es auf diese Weise zu Blutstauungen an den Beinen kommt. Die Schwellungen des sogenannten nichtentzündlichen Ödems sind teigig und kalt und bilden sich normalerweise bei Einsetzen der Bewegung wieder zurück. Die Ursachen können aber auch Stoffwechselstörungen und Kreislaufprobleme sein, vor allem bei älteren Pferden bilden sich häufig Ödeme an den Hinterbeinen.

Bei einem **Einschuss oder Phlegmone** ist in der Regel nur ein Bein von einer starken Schwellung betroffen. Die Schwellung entsteht durch die Entzündung des Unterhautbindegewebes. Dieser voraus geht eine Wundinfektion, die nicht erkannt und darum unbehandelt geblieben ist. Es kann sich dabei um kleinste Stichwunden und Verletzungen handeln, die versteckt unter dem (vielleicht langen Winter-) Fell liegen und sich infiziert haben. Die Schwellung fühlt sich warm an, und das Pferd kann Fieber bekommen.

Sonstige Erkrankungen und Verletzungen

Kleinere Hautabschürfungen und **Wunden**, die die Haut nur oberflächlich betreffen, lassen sich selbst versorgen. Man säubert (mit klarem Wasser ausspülen) und desinfiziert die Wunde. Große, klaffende sowie stark blutende Wunden sind hingegen ein Fall für den Tierarzt. Bis zum Eintreffen des Tierarztes wird die Wunde lediglich mit klarem Wasser gespült, aber weder Salben, Des-

6. KRANKHEITEN

infektionsmittel noch Puder aufgetragen. Diese Mittel können die Wunde verfälschen, der Tierarzt kann es dann mit der Diagnose und weiteren Behandlung schwer haben. Vor allem wenn Wunden genäht werden müssen, darf man keine Medikamente einbringen.

Ob der Tierarzt eine Wunde nähen muss, ist davon abhängig, ob die Haut durchtrennt worden ist. Dies ist dann der Fall, wenn sich die obere (aufgerissene) Haut gegen das untere Gewebe verschieben lässt.

Bei stark blutenden Wunden – vor allem aber Arterienverletzungen, bei denen das Blut impulsartig herausspritzt – sollte man bis zum Eintreffen des Tierarztes einen sterilen Druckverband anlegen. Auch hier ist Desinfizieren oder anderweitige Behandlung der Wunde nicht angebracht.

Bei jeder Verletzung sollte man den Tetanusschutz überprüfen, da bei einem nicht geimpften Pferd durch Eindringen von Tetanusbakterien **Wundstarrkrampf** ausgelöst werden kann. Das Pferd verkrampft in der gesamten Muskulatur, der Nickhautvorfall am Auge ist zu beobachten und die Sägebockstellung sind Anzeichen von Starrkrampf. Wundstarrkrampf ist kaum heilbar.

Kahle, nässende Hautstellen können **Parasitenbefall, Pilzbefall** oder Ekzem bedeuten. Vorzeitig erkennt man den Befall durch wiederholtes Kratzen und Scheuern von Mähne, Schweif, Widerrist und Kruppe. Beim Parasitenbefall kann es sich um Milben, Läuse oder Haarlinge handeln. Das Pferd sowie das Putz- und Sattelzeug müssen desinfiziert werden. Krankheitsübertragungen können verhindert werden, wenn für jedes Pferd ein eigenes Putzzeug zur Verfügung steht und das erkrankte Pferd von den Artgenossen getrennt wird.

Sommerekzem und Nesselfieber haben allergische Reaktionen als

Bei dieser Wunde wurde die Haut durchtrennt. Ein Fall für den Tierarzt, der die Wunde nähen muss.

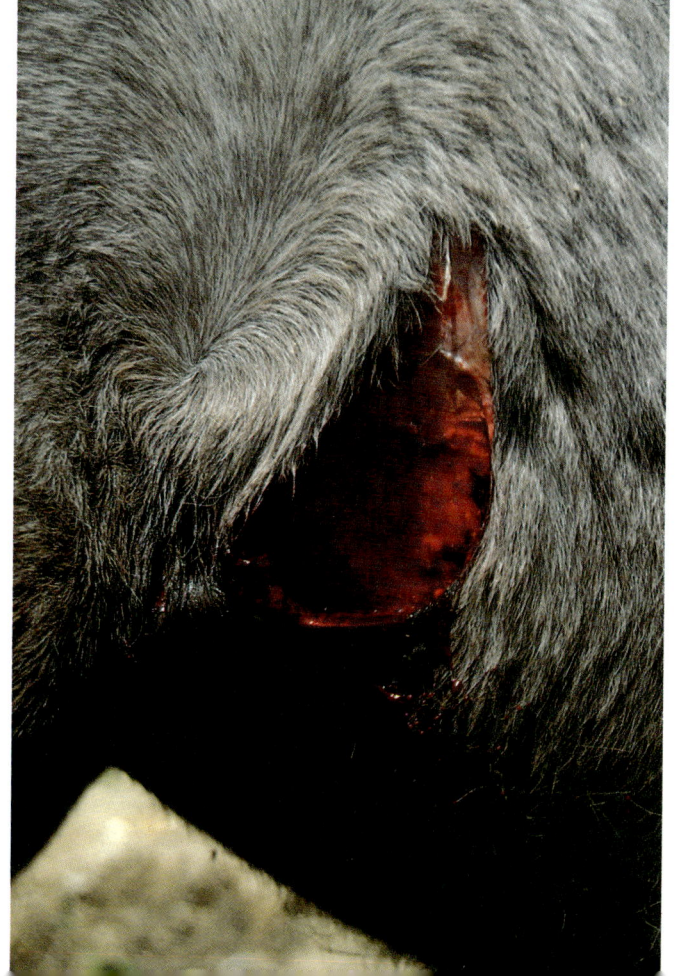

6. Krankheiten

Ursache. Beim Sommerekzem bilden sich schorfige Wunden, die stark jucken und vom Pferd immer wieder aufgekratzt werden. Oftmals sind Pferde aus anderen Klimazonen (Isländer, Araber) betroffen, die auf die Stiche von Kriebelmücken allergisch reagieren. Sommerekzem ist nicht heilbar, man kann den Juckreiz durch spezielle Salben aber lindern. Die Aufstallung in kühlen, abgedunkelten Stallungen ist während der Sommermonate empfehlenswert. Im Herbst klingen die Symptome wieder ab, um im Frühjahr erneut hervorzutreten.

Allergische Reaktionen gegen verschiedene Mittel, aber auch Insektenstiche, Fliegenschutzmittel und dergleichen, können **Nesselfieber** auslösen. Dabei bilden sich über den ganzen Pferdekörper verteilt kleine Knötchen, die nach einiger Zeit meist von selbst wieder verschwinden.

Gewährsmängel

Ende des 19. Jahrhunderts wurde durch eine „Kaiserliche Verordnung" festgelegt, dass ein Käufer eines Pferdes innerhalb von 14 Tagen ein Rückgaberecht gegen Erstattung des gesamten Kaufpreises hat, wenn das betreffende Pferd bestimmte Mängel aufweist. Dabei muss der Käufer spätestens zwei Tage nach Ablauf der Gewährsfrist den Mangel dem Verkäufer anzeigen. Diese Bestimmung gilt nur, wenn der Verkäufer den Käufer auf einen Gewährsmangel vor dem Kauf nicht aufmerksam gemacht hat. Die Gewährsmängel-Regel gilt auch heute noch, obwohl einige Krankheiten (Rotz, Dummkoller) mittlerweile so gut wie ausgerottet sind.

Auf der Gewährsmängelliste stehen: Dummkoller, Dämpfigkeit, Koppen, Kehlkopfpfeifen, Periodische Augenentzündung und Rotz.

Dummkoller ist eine durch Gehirnwassersucht entstandene Gehirnkrankheit, bei der das Bewusstsein des Pferdes herabgesetzt wird.

Dämpfigkeit ist eine chronische Erkrankung der Lunge und/oder des Herzens, die mit Atembeschwerden einhergeht und bislang nicht heilbar ist, aber durch artgerechte Haltung gelindert werden kann.

Koppen bedeutet das Abschlucken von Luft, wobei das Pferd dies entweder frei oder durch Aufsetzen der Vorderzähne ausführt.

Kehlkopfpfeifen ist eine Atemstörung, die mit einer Erkrankung des Kehlkopfes oder der Luftröhre in Zusammenhang steht, und bei der beim Atmen ein Geräusch zu hören ist.

Periodische Augenentzündung ist eine immer wiederkehrende entzündliche Augenkrankheit, die durch innere Einwirkung entsteht, und durch die das Pferd vollends erblinden kann.

Rotz ist eine hochansteckende Infektionskrankheit, die meldepflichtig ist. Der gesamte Tierbestand muss bei Ausbruch dieser Seuche getötet werden.

Krankheiten vorbeugen

Der beste Schutz gegen Krankheiten und Verletzungen ist es, dagegen vorzubeugen. Dies ist aber nur möglich, wenn man die natürlichen Bedürfnisse des Pferdes bei der Haltung, Fütterung und beim Reiteinsatz beherzigt und keine unbedachten Handlungen wie Anbinden an bewegliche Gegenstände (Türen) vornimmt, die das Pferd einer großen Verletzungsgefahr aussetzen. „Vorsicht ist die Mutter der Porzellankiste" heißt ein Sprichwort, das auch im Umgang mit dem Pferd Geltung hat. Ein wohl dosiertes, bedächtiges Training und das korrekte Einschätzen der Leistungsfähigkeit beugen Verletzungen durch Überbeanspruchungen vor. Andererseits lassen sich durch schnelles und fachgerechtes Handeln im Anzug befindliche Krankheiten abfangen oder Ausweitungen von Verletzungen eindämmen. Um dies zu ermöglichen, ist eine Ausbildung des

6. KRANKHEITEN

Pferdebesitzers in Erste Hilfe wichtig, aber auch die richtige Bestückung der Stallapotheke sowie die erforderliche Durchführung von Impfungen und Entwurmungen.

Die Notfallapotheke

Über die Bestückung der Stallapotheke scheiden sich häufig die Geister, zumal manche Medikamente, die man dort bereithält, dazu verleiten, eigenmächtig die Diagnose zu stellen und die Behandlung durchzuführen anstatt sie in die Hände eines erfahrenen Tierarztes zu legen.

Als Grundausstattung kann man jedoch folgenden Inhalt empfehlen:
- Desinfektionsspray
- Fieberthermometer
- sterile Wundauflagen (Zetuvit o.ä.)
- Polstermaterial (Verbandswatte, Mullkompresse)
- Mullbinden (elastisch)
- selbsthaftende, elastische Mullbinden (Vetflex, Vetrap o.ä.)
- Gewebeklebeband (5 cm breit)
- Verbandsschere

Als Ergänzung kann man in der Stallapotheke noch bereithalten:
- Wundsalbe für trockene Wunden
- Wundpuder oder -salbe für nässende Wunden
- durchblutungsfördernde Salben
- Kühlgel
- Hot-/Cold-Gelpack
- Inhalieröl
- Pinzette
- eventuell Nasenbremse

Impfungen und Wurmkuren

Jeder verantwortungsbewusste Pferdehalter sollte die notwendigen Schutzimpfungen durchführen lassen, um seine – aber auch fremde – Pferde vor ansteckenden Krankheiten zu schützen. Vor allem für Turnierpferde und Pferde, die häufig mit fremden Artgenossen in Berührung kommen, ist die Impfung unerlässlich. Ungeimpfte Pferde dürfen auf Westernturnieren nicht starten. Die Turnierleitung kann die Vorlage des Impfpasses verlangen, der auf dem Turnier deshalb stets mitgeführt werden sollte.

Die Schutzimpfung gegen Tetanus ist alle zwei Jahre fällig und wird bei einer größeren Verletzung gegebenenfalls auch schon früher aufgefrischt. Außerdem sind Impfungen gegen Influenza und Herpes-Virus-Infektion notwendig, wobei erst die korrekt durchgeführte Grundimmunisierung einen Impfschutz gewährleistet. Das Datum für die regelmäßige Auffrischungsimpfung darf nicht übersehen werden, sonst besteht kein Impfschutz mehr, und das Pferd muss neu grundimmunisiert werden.

Zuchtstuten sollten zudem gegen Virusabort (ansteckendes Verfohlen) geimpft werden, wobei die Hengsthalter normalerweise die Impfung vom Stutenbesitzer sowieso verlangen. Fohlen sollten am besten noch am Tag der Geburt gegen Fohlenlähme geimpft werden.

Des weiteren können noch Impfungen gegen Tollwut sinnvoll sein, wenn man in einem tollwutgefährdeten Gebiet wohnt. Der Tierarzt weiß hierüber Bescheid.

Die regelmäßige Entwurmung ist ebenfalls eine wichtige Vorbeugung gegen Krankheiten. Fohlen müssen öfters entwurmt werden (alle 6 Wochen), während für ausgewachsene Pferde die Verabreichung einer Wurmkur in Abständen von etwa drei Monaten ausreicht. Das Wurmmittel sollte dabei öfters gewechselt werden, weil die Würmer gegen die Wirkstoffe im Wurmmittel im Laufe der Zeit eine Resistenz entwickeln. Im Dezember ist die Entwurmung gegen Dasselfliegenlarven angesagt, wobei man ein spezielles Wurmmittel wählen muss. Nicht jedes Wurmmittel wirkt gegen alle Wurmparasiten, schon deshalb ist ein Wechsel des Mittels von Zeit zu Zeit angebracht.

7. Ausrüstung

7. AUSRÜSTUNG

Die Ausrüstung

Der Westernsattel.

Gebisse und Zäumungen.

Die Kleidung des Reiters.

Typen und Formen des Westernsattels.
Die einzelnen Bestandteile des Westernsattels.

Trensengebisse.
Gebisslose Zäumungen.
Stangengebisse.

Zweckmäßige und vorgeschriebene Kleidung.

Eine passende Ausrüstung ist die Grundlage für eine funktionierende Kommunikation.

7. Sattel

Der Westernsattel

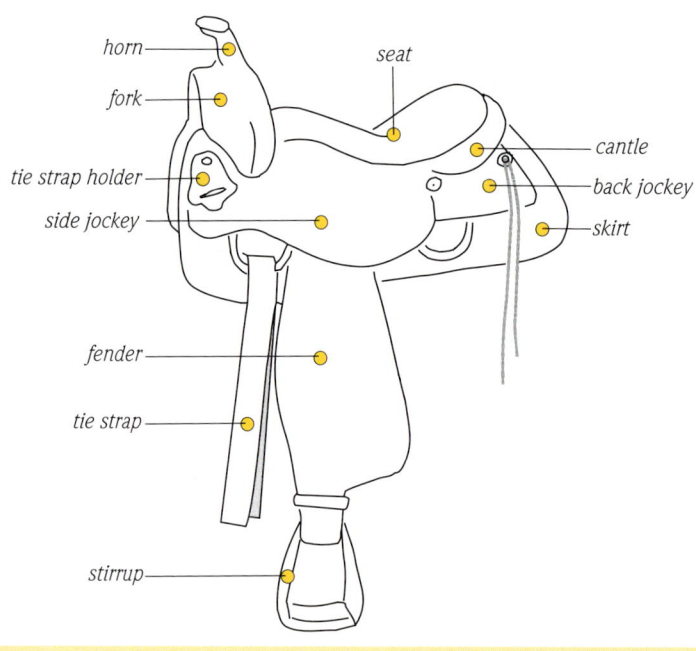

Ein markanter und wichtiger Ausrüstungsgegenstand des Westernreiters ist sein Sattel. Der Westernsattel unterscheidet sich in vielen Dingen von einem Englischsattel, wobei die Sicherheit, Robustheit und angenehme Tragfähigkeit wesentliche Vorteile des Westernsattels sind. Der Westernsattel wurde für lange Ritte und die Rinderarbeit konzipiert, kommt aber dem heutigen Freizeitreiter ebenfalls sehr entgegen. Die fundamentalen Unterschiede zum Englischsattel sind:

- Größere Auflagefläche, wodurch das Gesamtgewicht besser auf dem Pferderücken verteilt wird.
- Andersartiger Aufbau mit Rückenlehne (Cantle), Horn, breite, ruhig hängende Steigbügelriemen (Fender) und große Steigbügel.
- Höheres Gewicht (in etwa zwischen 10 und 20 Kilogramm).
- Verschiedene Gurtungsmöglich-- keiten.
- Tiefer, sicherer Sitz.

Beim Kauf eines Westernsattels sollte man auf gute Qualität achten, da es auch sehr minderwertige Fabrikware gibt, die unausgewogen ist, billiges, starres Leder und eine schlechte Passform hat. Bei der Wahl des Sattels ist neben guter Gebrauchsqualität auch die korrekte Passform für Reiter und Pferd wichtig.

Typen und Formen

Westernsättel werden für verschiedene Disziplinen beziehungsweise Verwendungszwecke gefertigt, die sich dann in Aufbau, Baum und Sitzform geringfügig voneinander unterscheiden. So gibt es spezielle **Reiningsättel**, die mit einem tiefen Sitz ausgestattet sind, um den Reiter punktuell und zentral in den Sattel zu setzen. Die Gurtung ist ins Sattelleder eingearbeitet (inskirt-rigging) und liegt relativ hoch am Sattel, damit dieser nahe am Pferd zu liegen kommt und somit das Reiterbein guten Kontakt zum Pferd hat. Das Horn wird beim Reiningsattel niedrig gehalten, damit es die Zügelführung nicht behindert.
Der Sattel für die Cuttingdisziplin hat einen tiefen und sehr flachen Sitz, damit der Reiter eine gute Bewegungsfreiheit hat und die flinken Bewegungen des Pferdes ausgleichen kann, indem er im Sattel vor- und zurückrutscht. Der **Cuttingsattel** weist ein sehr hohes Horn auf, damit der Reiter sich gut daran festhalten kann, wenn das

7. Sattel

Pferd selbständig am Rind arbeitet. Zudem sind Cuttingsättel mit schmalen, rundgearbeiteten Steigbügeln (oxbow stirrups) ausgestattet, die dem Reiter viel Halt geben. Der Reiter schiebt seinen Fuß bis zum Absatz durch den Bügel.

Der **Equitation- oder Pleasuresattel** bringt den Reiter zentral über dem Pferd zum Sitzen. Die Sitzfläche steigt zum Horn hin schneller an als beim Reiningsattel, und ist insgesamt flacher gearbeitet. Der Reiter sitzt vergleichsweise höher über dem Pferd als beim Reining- oder Cuttingsattel.

Pleasure-Sättel sind für die Turnierdisziplinen sehr aufwendig mit Silberbeschlägen und Punzie-rungen ausgestattet und werden als **Showsättel** von dem meisten Reitern nicht fürs Training verwendet, um den Glanz der aufwendig verzierten Sättel zu erhalten. In Cutting- und Reining-Wettbewerben legt man keinen Wert auf Silberbeschläge, so kommen auch auf dem Turnier häufig die – sauber geputzten – Trainingssättel zum Einsatz.

Sogenannte **Oldtimer-Sättel** haben hohe Sattelaufbauten und erinnern regelrecht an eine Schale, in der der Reiter sitzt. Damit wird der Reiter in eine starre Sitzposition gezwängt, die Gewichtshilfen so gut wie unmöglich machen. Diese Sättel sind für das dressurmäßige Westernreiten nicht geeignet, werden aber als Wanderreitsättel sehr gerne verwendet.

Die einzelnen Bestandteile

Der Sattelbaum ist für die Passform des Sattels auf dem Pferd verantwortlich. Sattelbäume sind entweder aus Holz oder Kunststoff (ralide) gefertigt, und dabei meist mit Rohhaut überzogen. Der Sattelbaum besteht aus den beiden Bars, die links und rechts neben der Wirbelsäule auf dem Pferderücken aufliegen, dem Cantle, der Fork und dem Horn. Der Sattelbaum ist sozusagen das Gerüst des gesamten Sattels. Auf ihm erfolgt der Lederaufbau.

Der Aufbau besteht aus verschiedenen Lederteilen, deren Bezeich-

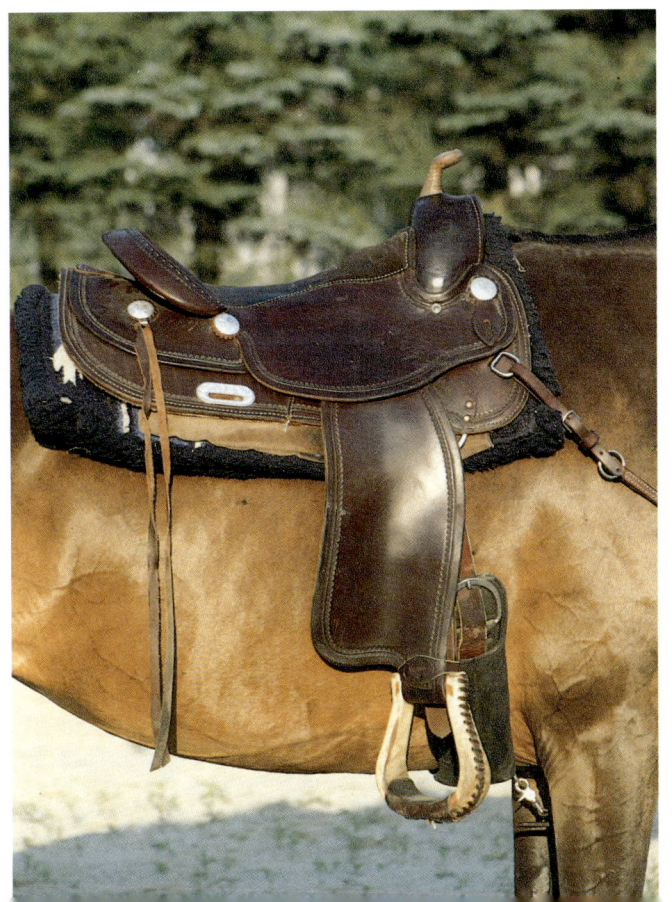

Der Westernsattel ist einer der wichtigsten und teuersten Ausrüstungsgegenstände des Westernreiters. Man sollte stets auf eine gute Qualität achten.

7. SATTEL

nungen aus der Zeichnung (S.58) zu ersehen ist. Die breiten Steigbügelriemen nennt man Fender und schützen das Reiterbein vor dem Pferdeschweiß. Sie sorgen auch dafür, dass der Steigbügel ruhig hängt, was ein großer Sicherheitsaspekt ist. Damit die Steigbügel im 90-Grad-Winkel herabhängen, müssen sie beim neuen Sattel zunächst ausgedreht werden, was am besten – während der Sattel nicht gebraucht wird – mit einem unter dem Sattel und durch die ausgedrehten Steigbügel durchgeschobenen Stab (Besenstiel) geschieht.

Manchmal ist der Westernsattel mit einem zweiten Bauchgurt ausgestattet, dem sogenannten back cinch, der ursprünglich dafür benötigt wurde, dass der Sattel nicht nach vorne kippt, wenn man das Wurfseil um das Sattelhorn windet. Die Zugkraft des am anderen Ende des Lassos eingefangenen Rindes hätte den Sattel sonst nach vorne kippen und den Reiter aus dem Sattel katapultieren können.

Ein wichtiger Aspekt des Westernsattels ist die Gurtungsform. Meist sind D-Ringe eingearbeitet (D-rigging), bei Reiningsätteln trifft man die inskirt-rigging an, wobei das Gurtungsloch hoch in das Sattelleder eingearbeitet ist. Sind zwei Gurtungsringe vorhanden, sind drei verschiedene Gurtungswege möglich. Daher auch der Name „Drei-Wege-Gurtung".

Es gibt verschiedene Gurtungspositionen, wobei man bei der Drei-Wege-Gurtung zwischen der 7/8, 3/4 und 5/8 Position wählen kann. Vor der 7/8 Position gibt es noch die „full"-Position, hinter der 5/8 Lage liegt die „center fire"-Position.

Für welche Rigging-Position man sich entscheidet, ist abhängig von der Passform des Sattels. Hat der Sattel aufgrund eines hohen Widerrists des Pferdes die Tendenz, nach hinten zu rutschen, wählt man eher die 5/8 Position als die 7/8 Position, um den Sattel in der vorderen Lage zu halten.

Man muss jedoch darauf achten, dass der Sattelbaum dem Rücken des Pferdes entspricht, damit der Sattel gut auf dem Pferderücken aufliegt und keine Druckstellen verursacht. Es gibt verschiedene Bar-Formen und Winkelungen, die sich in semi quarter, regular und full

Das Trensengebiss ist die Standard-Trainingszäumung, wobei die Einwirkung der Reiterhand direkt auf das Pferdemaul übertragen wird.

7. Zäumungen

quarter unterscheiden. Es gibt auch noch spezielle Araberbäume (arabian). Bei jeder Firma fällt die Sattelbaumform immer etwas anders aus, so dass man verschiedene Sättel zunächst auf ihre Passform überprüfen muss.

Auch in der Sitzlänge gibt es Unterschiede, welche dem jeweiligen Reiter angepasst sein soll. Die Sitzlänge wird in inch angegeben, wobei ein inch einem Maß von 2,54 cm entspricht. Für Erwachsene werden Sättel mit 15, 15 1/2, 16, 16 1/2 und 17 inch gefertigt. Für Jugendliche und Kinder gibt es Sattellängen von 12 bis 14 inch.

Gebisse und Zäumungen

Die beim Westernreiten verwendeten Zäumungen und Gebisse sind wesentlich vielfältiger als die der englischen Reitweise. Das liegt nicht an der Erfindungsgabe der Westernreiter, sondern hauptsächlich daran, dass die lose Zügelführung der Westernreitweise mehr Einsatzmöglichkeiten von Gebissen und Zäumungen offenlässt. Sicherlich spielt aber auch die Individualität der Ausbildung eine Rolle. Vorteilhaft ist die große Gebisse-Auswahl für den Reiter allemal, da er fast immer die passende Dicke, das bevorzugte Material und die gewünschte Wirkungsweise eines Gebisses vereinen kann. Somit lässt sich die Kommunikationshilfe – welches das Gebiss oder die Zäumung darstellt – auf die Bedürfnisse von Reiter und Pferd zuschneiden.

Trensengebisse

Bei der unter den Westernreitern als Snaffle bit bekannte Wassertrense handelt es sich um ein Gebiss ohne Hebelwirkung. Das Snaffle bit kann einfach gebrochen, doppelt gebrochen oder ungebrochen sein. Auch die Trensenringe können in unterschiedlichen Ausführungen gearbeitet sein (D-Ring, O-Ring oder Olivenkopf). Als Material werden verschiedene Metalle, aber auch Kunststoff oder Gummi verwendet. Auch Ledergebisse fallen unter die Kategorie der ungebrochenen Trensen.

Wichtig ist die jeweilige Wirkungsweise. Gemeinsam haben alle Snaffle bit-Formen, dass sie die von der Reiterhand ausgehenden Kraft direkt auf das Maul des Pferdes übertragen. In erster Linie ergibt sich ein Druck auf die Laden und Maulwinkel des Pferdes. Bei ungebrochenen Gebissen ist der Druck auf die Zunge stärker als bei gebrochenen Trensen. Vom einfach gebrochenen Trensengebiss geht eine sogenannte Nussknackerwir-

Die Wirkungsweise des Snaffle Bit.

kung aus (Einzwängen des Unterkiefers), wobei das Gelenkstück unter Umständen auch gegen den Gaumen drücken kann. Diese Wirkung entfällt bei den doppelt gebrochenen Snaffle bits, die deshalb milder sind und sich vor allem für junge Pferde eignen.

Da der Westernreiter nur in Ausnahmefällen ein Reithalfter benutzt, kann sich das Pferd durch Öffnen des Mauls dem Zügeldruck entziehen. Dabei besteht bei einseitigem Annehmen des Zügels die Gefahr, dass das Gebiss durchs Maul gezogen wird. Deshalb verschnallt man unter den Gebissringen in der Kinngrube des Pferdes einen Lederriemen, der allerdings nur sehr locker befestigt werden darf.

Als Ausbildungszäumungen gelten das Snaffle bit, Side pull und die Bosal-Hackamore. Gebisslose Zäumungen werden bei jungen Pferden häufig bevorzugt, um das Maul des Jungpferdes während des Zahnwechsels zu schonen.

7. Zäumungen

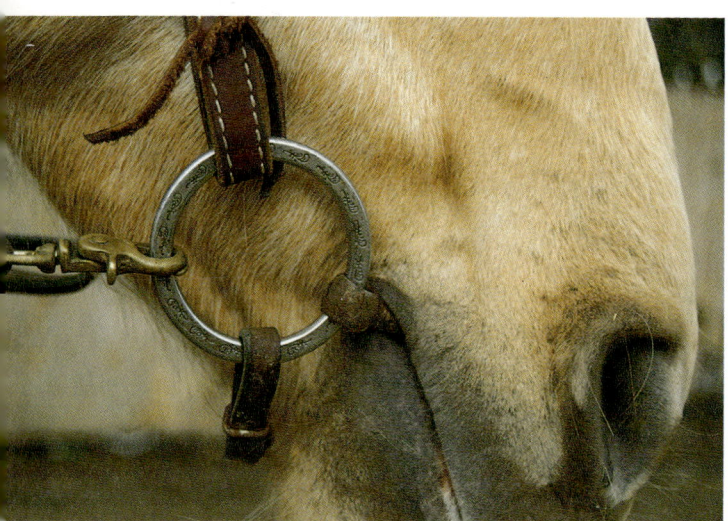

Viele Pferde lieben den Geschmack von rostenden Mundstücken und speicheln auf diese Weise das Gebiss gut ein.

Gebisslose Zäumungen

Die klassischen Formen von gebisslosen Zäumungen sind das Side pull und die Bosal Hackamore. Beide Zäumungen verwendet man bevorzugt zur Ausbildung junger Pferde. Das Side pull besteht aus einem Rohhaut-Nasenteil und einem ledernen Kinnriemen. An den Seiten sind Ringe angebracht, in die die Zügel eingeschnallt werden. Das Side pull sollte nicht locker am Pferdekopf liegen, damit man präzise einwirken kann. Nimmt man den linken Zügel an, entsteht auf der gegenüberliegenden Kinnseite des Pferdes ein Druck, dem der Vierbeiner ausweicht. Werden beide Zügel angenommen, erhält das Tier einen deutlichen Druck auf der Nase. Die Wirkungsweise des Side pull ist dem Pferd leicht verständlich, dass mit dem Side pull ein müheloses Einreiten möglich ist.

Die Bosal Hackamore – oft auch nur als Bosal oder einfach Hackamore bezeichnet (nicht zu verwechseln aber mit der mechanischen Hackamore oder Außenkandare) – besteht aus einem Nasenstück, das aus Rohhaut geflochten ist und im Kinn zu einem Knoten zusammenläuft (das eigentliche Bosal) und aus der Mecate, dem Zügel und Führstrick, welches aus Pferde- und Rinderhaaren geflochten ist.

Der Einsatz der Hackamore setzt gewisse Vorkenntnisse voraus, da diese Zäumung mit der „Pull and Slack-Methode" geritten werden muss. Zügelziehen stumpft die Pferde zwar grundsätzlich ab, doch in Verbindung mit der Flexibilität des Bosals und des harten Nasenteils ist die Abstumpfungsgefahr bei der Hackamore noch größer. Die Wirkungsweise ist ähnlich der des Side pull: Seitlich an den Backenknochen und auf der Nase.

Ein neu erworbenes Bosal muss zunächst der Pferdekopfform angepasst werden, um ein Aufscheuern seitlich des Kinns zu verhindern. Hierzu wird es einige Monate lang vorgeformt, indem man es um ein Rundholz legt und einspannt. Der Kinnbereich wird dabei auseinandergebogen, während man das Nasenteil mit einem Riemen zusammenbindet, um es in der ursprünglichen Form zu erhalten.

Stangengebisse

Alle Gebisse mit Hebelarmwirkung fallen unter die Kategorie der Stangengebisse. Auch hier gibt es wieder gebrochene und ungebrochene Stangengebisse. Die gebrochenen Stangengebisse werden „Snaffle with shanks" genannt, die ungebrochenen einfach nur „Bit". Wie bei den Trensengebissen ist die Vielzahl der Stangengebisse ebenfalls

7. ZÄUMUNGEN

Ein Side Pull, das gerne zum Anreiten junger Pferde verwendet wird. Diese gebisslose Zäumung schont das Pferdemaul.

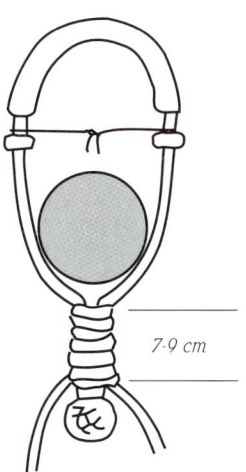

Vorformung des Bosals.

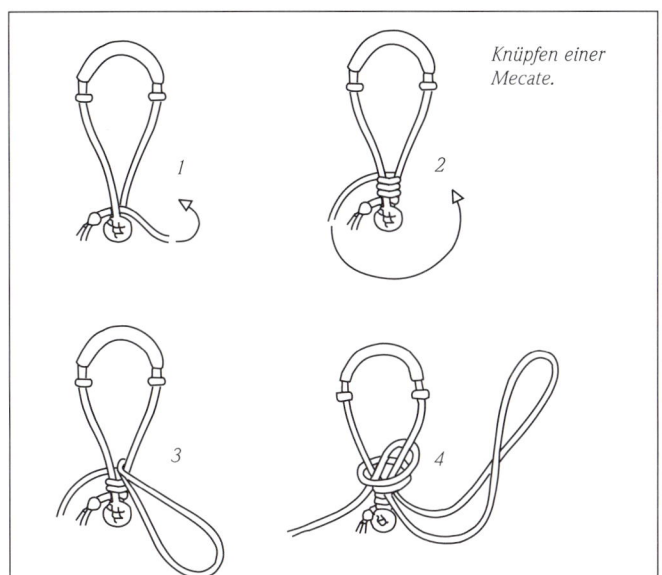

Knüpfen einer Mecate.

beträchtlich. Es gibt allein unter den Bits sogenannte Spade bits, Grazing bits, Roller bits und Curb bits. Innerhalb dieser Sparten variieren die Formen und Materialien wiederum, so dass eine Fülle von unterschiedlichen Gebissen zur Auswahl steht. Auch die Länge der Hebelarme, deren Neigung und Form ist unterschiedlich. Hebelarmgebisse übertragen den Zug der Reiterhand vielfach verstärkt auf das Pferdemaul. Über die Größe des Multiplikators entscheidet das Verhältnis zwischen Ober- und Unterbaum der Gebisse. Je länger der Unterarm und je kürzer der Oberarm ist, desto schärfer wirkt das Gebiss. Somit sind Gebisse mit langen Oberarmen und kurzen Unterarmen

7. ZÄUMUNGEN · KLEIDUNG

Stangengebisse übertragen die Kraft der Reiterhand über die Hebelwirkung vielfach verstärkt auf das Pferdemaul.

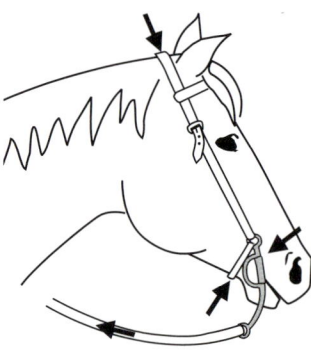

Die Wirkungsweise des Bit.

milder. Hebelarmgebisse übertragen die von der Reiterhand ausgehende Kraft vornehmlich auf Nase, Kinn und Genick.

Möchte man auf Turnieren starten, muss man sich anhand des Regelbuches erkundigen, welche Gebisse erlaubt sind. Dabei spielt das Alter des Pferdes und die Klasse eine Rolle, aber auch die entsprechende Zügelführung. Vorgeschrieben sind auch die Größe der Gebissringe, die Dicke des Mundstücks und die Länge der Hebelarme. Die Daten sind aus dem jeweils aktuellen Regelbuch zu entnehmen.

KLEIDUNG

Die Kleidung des Reiters

In der Freizeit gibt es keine Vorschriften, was der Reiter anzuziehen hat. Allerdings sollte man sich bequem und sicher kleiden. Empfehlenswert sind Jeans und Westernstiefel (Stiefel mit Absatz), je nach Jahreszeit T-shirt, Pullover oder Jacke (nicht zu weit, um nicht am Sattelhorn hängenzubleiben) und eine Kopfbedeckung (Westernhut als Wetterschutz, Sturzhelm für unsichere Reiter und Kinder).

Auf dem Turnier gilt eine Kleiderordnung, die Westernhut, langärmeliges Westernhemd (Bluse oder Pullover) und Westernstiefel vorschreibt. Erlaubt, aber nicht vorgeschrieben, sind Chaps und Rädersporen. Farbe und Stil der Kleidung sind dem Reiter überlassen, wobei sich jedoch anstatt blaue nun schwarze oder andersfarbige Jeans eingebürgert haben, weil man blaue Jeans als „Arbeitshosen" auf dem Turnier nicht sehen möchte.

Bei der Prüfung fürs Westernreitabzeichen ist übrigens Turnierkleidung vorgeschrieben. Dabei soll die Kleidung sauber und ordentlich sein, Glitzerblusen und übertriebenes, aufgestyltes Outfit ist bei der Westernreitabzeichenprüfung hingegen weder notwendig noch wünschenswert.

8. AUSBILDUNG

Ausbildung und Reitlehre

Jungpferdeausbildung am Boden.

Westernreitlehre.

Grundprinzipien der Pferd-Mensch-Beziehung.

Das Aussacken.

Longieren und Round pen-Arbeit.

Das Verladetraining.

Vor dem Losreiten.

Die Gangarten des Westernpferdes.

Sitz und Hilfengebung.

Bis ein Pferd durchlässig ist, muss man einen langen Ausbildungsweg beschreiten.

8. BODENARBEIT

JUNGPFERDEAUSBILDUNG AM BODEN

Bevor man zum Reiten in den Sattel steigt, muss das Pferd viele Ausbildungsschritte durchlaufen, um für seine Aufgabe unter dem Sattel genügend vorbereitet zu sein. Der Westernreiter legt viel Wert auf ein gehorsames, williges und diszipliniertes Pferd, was sicherlich nicht rasseabhängig, sondern das Ergebnis einer konsequenten und fachgerechten Ausbildung ist. Es gibt (noch) keine Westernreitlehre, die vorschreibt, auf welche Weise ein Pferd ausgebildet werden soll, um letztendlich ein zuverlässiges und rittiges Westernpferd unter dem Sattel zu haben, so sind verschiedene Wege möglich und aufgrund der Individualität der Pferde oftmals auch notwendig. Trotzdem geht man gerne von einer Norm aus, die aber nicht als starre Vorschrift gesehen werden darf, sondern als empfehlenswertes Grundgerüst, das verschiedene Ausbildungswege offenlässt.

Fohlen und Halbwüchsige können und sollen schon viel lernen, damit der Umgang mit den Tieren problemlos erfolgen und die Beziehung zwischen Mensch und Tier gefestigt werden kann.

Grundprinzipien in der Pferd-Mensch-Beziehung

Beim Umgang mit Pferden sind immer die naturgegebenen Bedürfnisse und arttypischen Verhaltensweisen zu berücksichtigen. Das Pferd ist ein Herdentier und als solches muss es innerhalb der Gruppe bestimmte Regeln akzeptieren, damit ein Miteinander möglich ist.

Die ersten Ausbildungsschritte erfolgen am Boden wobei auch schon Hindernisse mit einbezogen werden können.

8. BODENARBEIT

So besteht eine festgelegte Rangordnung, wonach sich rangniedrige Tiere unterordnen müssen, und ranghöhere Pferde das Sagen haben. Die Rangordnung wird ausgekämpft, wobei mental starke Pferde oftmals keine großen Kämpfe (mit körperlichem Krafteinsatz) führen müssen, um eine höhere Position einzunehmen. Nur zwischen ähnlich starken Tieren kommt es zu einer körperlichen Auseinandersetzung, die sich in Bissen und Tritten äußert.

Das Pferd verhält sich dem Menschen gemäß seinen natürlichen Instinkten genauso wie seinen Artgenossen gegenüber. Es macht keinen Unterschied zwischen Mensch und Pferd, auch Katzen, Hunden oder anderen Tieren gegenüber benutzt es dieselbe Mimik und Verhaltensweise. Für das Pferd gibt es nur eine Sprache, in der es sich mitteilen kann: Seine eigene, die Pferdesprache. Deshalb ist der Mensch gefordert, die Sprache der Pferde zu erlernen, um die edlen Vierbeiner zu verstehen und sie auszubilden.

Hierzu muss man zunächst aber eine ranghöhere Position als das jeweilige Pferd einnehmen, damit das Tier sich unterordnet und dem Willen des Menschen Folge leistet. Dies ist nicht mit Zwang, sondern mit mentaler Stärke, Souveränität und Konsequenz zu erreichen.

Die Herde bedeutet für ein Pferd Schutz. Dies ist der Grund, weshalb sich die meisten Pferde willig unterordnen, da sie als rangniedrige Tiere weniger Verantwortung tragen müssen. Somit verlässt sich ein Pferd auch sehr gerne auf den Menschen und vertraut ihm, solange es damit keine schlechten Erfahrungen machen muss. Diesen Umstand muss man sich bei der Ausbildung von Pferden zunutze machen.

Ranghohe Pferde hingegen versuchen sich auch gegen den Menschen durchzusetzen, was man aber schon aus Sicherheitsgründen nicht

Eine harmonische Mensch-Pferd-Beziehung setzt Vertrauen, aber auch Konsequenz und Sachverstand voraus.

8. BODENARBEIT

gestatten darf. Diese Tiere müssen deshalb Respekt und den damit verbundenen Gehorsam erst lernen. Früh übt sich – dies gilt für grundlegende Erziehungsmaßnahmen auch bei Pferden. Fohlen sollten deshalb von Anfang an lernen, sich anbinden und putzen zu lassen. Ein Pferd darf hierzu niemals an bewegliche (Türen) oder in der Nähe von verletzungsträchtigen Gegenständen (z. B. Mistgabel) angebunden werden. Zudem muss das Pferd hoch und kurz (aber auch nicht zu kurz, um dem Pferd genügend Bewegungsfreiheit zu gewährleisten) angebunden werden, damit es nicht in den Führstrick treten kann. Des weiteren darf ein Pferd nur mit Sicherheitsknoten angebunden werden, der mit einem Ruck am Führstrickende in einer Gefahrensituation sofort gelöst werden kann.

Sich führen lassen, Hufegeben und ruhiges Stehenbleiben sind ebenfalls Aufgaben, welche ein junges Pferd lernen sollte. Der Westernreiter nennt ein auf diese Weise vorbereitetes Pferd „halter broke", also halterführig.

Das Aussacken

Unter Aussacken versteht man ein Desensibilisierungstraining gegenüber furchterregenden Gegenständen wie Plastikplane, Decken, Flatterbänder usw. Es bedeutet aber auch die Gewöhnung an beängstigende Geräusche und Gerüche: Grunzende Schweine, Motorengeräusche, zischende Spraydosen und dergleichen.

Es gibt im Prinzip zwei Möglichkeiten, Pferde auszusacken. Der erste Weg ist die Gewöhnung auf Zwangsbasis, das heißt, dem Pferd werden die flatternden und knisternden Gegenstände an den Sattel gebunden und dabei sich selbst überlassen. Das zunächst panikartig reagierende Pferd kann die Gegenstände nicht abschütteln, auch wenn es noch so davonstürmt, buckelt oder steigt. Nach einer gewissen Zeitspanne fügt sich das Pferd in sein Schicksal und akzeptiert die Gegenstände. Dabei hat es zudem gelernt, dass ihm Planen und flatternde Bänder nichts anhaben können.

Nach einem erfolgreichen Aussacktraining, das auf Vertrauen aufgebaut worden ist, kann diese Araberstute so leicht nichts mehr erschüttern.

8. BODENARBEIT

Der zweite – weitaus empfehlenswertere Weg – ist die Gewöhnung an furchterregende Gegenstände durch Vertrauen. Dabei streichelt man das Pferd vorsichtig zunächst mit einer Decke, dann mit einer Tüte und schließlich mit der Plane beginnend am Hals, über den Rücken und letztendlich über den gesamten Körper. Man geht dabei sehr bedächtig vor, denn das Pferd darf keine Panik bekommen. Langsam wird das Tier Vertrauen fassen und die Gegenstände als ungefährlich einstufen. Weil mit letzterer Methode das Vertrauen des Pferdes gefördert, beim ersten Weg aber in Frage gestellt wird, ist die zweite Möglichkeit beim Aussacktraining zu bevorzugen.

Übrigens wird das Pferd beim Aussacktraining niemals angebunden, sondern der Führstrick lose in der Hand gehalten. Man sollte sich aber davor hüten, den Führstrick um die Hand zu wickeln, weil ein davonstürmendes Pferd die Schlinge um die Hand zuziehen und den Menschen mitschleifen könnte. Dieser Fehler kann schließlich fatale Folgen haben. Auch beim „einfachen" Führen oder Longieren ist darauf zu achten, dass der Strick oder die Longe nicht um die Hand gewickelt wird.

Longieren und Round pen-Arbeit

Die Vorbereitung des Pferdes für die Arbeit unter dem Sattel beginnt in der Regel im Round pen. Da viele Westernreiter jedoch keinen Round pen zur Verfügung haben, müssen sie auf das „konventionelle" Longieren ausweichen. Der Round pen bietet gegenüber dem Longieren viele Vorteile, so dass man ihn nutzen sollte, wenn er zur Verfügung steht. Im Round pen – einem runden Longierzirkel mit einem Durchmesser zwischen 12 und 18 Metern – kann das Pferd ohne Longe auf eine Kreisbahn gebracht werden. Es kann sich in keine Ecke flüchten und lernt, sich ohne Hilfsmittel (Longe, Ausbinder) entsprechend der Zirkellinie zu biegen.

Das grundlegende Ziel der Round pen-Arbeit ist jedoch, die Muskulatur des Pferdes vorzubereiten, damit es den Reiter später ohne Schmerzen und Verspannungen tragen kann. Zudem lernt das Pferd über die vom Ausbilder angewandte Körpersprache die Stimmkommandos kennen, auf welche es später – auch unter dem Sattel – hören soll. Die Verbindung zwischen Körper- und verbale Sprache ist das beste Kommunikationsmittel zwischen Reiter und Pferd, weil das Tier nur auf diese Weise die Bedeutung der vom Menschen gesprochenen

In Ermangelung eines Round pen müssen einige Westernreiter auf das konventionelle Longieren zurückgreifen.

8. Bodenarbeit

Bei der Ausbildung im Round pen lernt das Pferd die Stimmkommandos kennen und bereitet seine Muskulatur auf die Arbeit unter dem Sattel vor.

Wörter erfassen kann (= Ausbildung ohne Zwang, also eine Ausbildung durch Vertrauen und Verständnis). Später kann der Reiter die dem Pferd beigebrachten Kommandos im Sattel anwenden, und das Reittier weiß, was von ihm verlangt wird.

Das Verladetraining

Zu den Lektionen, die bereits ein junges Pferd lernen muss, gehört auch das Verladen in einen Pferdetransporter. Dies ist nicht nur für den späteren Transport zu Turnieren oder Kursen sinnvoll, sondern vor allem auch für Nottransporte in die Klinik. Lässt sich ein Pferd nur schwer oder gar nicht verladen, kann es ihm im Notfall das Leben kosten.

Ängstliche Pferde muss man wieder vorsichtig an den Hänger heranführen und ihnen viel Zeit lassen, sich mit dem furchterregenden Transporter zu beschäftigen. Das Verladen muss ohne Zwang erfolgen, Ruhe und Geduld sind hier die wichtigsten Voraussetzungen. Als zusätzliche Hilfe kann man zuvor ein erfahrenes Pferd verladen, um den Herdentrieb zu nutzen, wodurch das junge, ängstliche Pferd leichter auf den Hänger folgt.

Man kann es aber auch mit sturen Pferden zu tun haben, die keine Angst haben, den Hänger zu betreten, allerdings nur nicht wollen. Hier muss man Druck aufbauen, wobei man den Weg auf den

8. REITLEHRE

Durch falsche Behandlung brachten diese Stute keine zehn Pferde in einen Transporter. Nach geduldigem Verladetraining marschiert sie nun von ganz alleine wie selbstverständlich in den Hänger.

Hänger lobt, ein Zurückweichen jedoch unangenehm macht, indem man entweder am Führstrick ruckt oder die Gerte den Umständen entsprechend einsetzt.

Steht das Pferd im Hänger sollte zunächst die Sicherheitsstange eingehängt werden, bevor man das Pferd anbindet. Beim Ausladen wird aus Sicherheitsgründen zuerst der Anbindestrick gelöst, bevor man die Begrenzungsstange entfernt.

WESTERN-REITLEHRE

Die Westernreitweise hat sich aus der Arbeitsreitweise der amerikanischen Rinderhirten entwickelt. Großen Einfluss hatte vor allem die spanische Reitweise, die in erster Linie den Reitstil in Kalifornien prägte. Es entstanden in Mexiko, Kalifornien und Texas unterschiedliche Stilrichtungen – hauptsächlich beeinflusst von eingewanderten Siedlern aus dem Osten (Texasstyle) und spanischen Eroberern (California Style). Die Stilrichtungen flossen teilweise ineinander über, und mittlerweile hat sich die Westernreitweise zu einer hochspezialisierten Sportreiterei weiterentwickelt.

Vor dem Losreiten

Ein korrekt gesatteltes und gezäumtes Pferd ist die Voraussetzung dafür, dass Verletzungen (Sattel-

8. REITLEHRE

druck, zwickendes Gebiss etc.) weitgehend ausgeschlossen werden können. Pferderücken, Sattelgurt und Pad müssen deshalb sauber sein, um Scheuerstellen zu vermeiden. Der Sattel wird sanft auf das Pad gelegt und langsam festgezurrt, wobei man darauf achtet, dass der Sattelgurt etwa eine Handbreit hinter dem Ellenbogen des Pferdes zum Liegen kommt.

Das Gebiss wird dem Pferd vorsichtig ins Maul geschoben, wobei der Daumen der linken Hand, welche das Gebiss hält, in den Maulwinkel des Pferdes geschoben wird, damit dieser das Maul öffnet. Keinesfalls darf man das Gebiss gegen die Zähne schlagen, was sehr schmerzhaft für das Pferd ist. Das Reittier könnte sich aufgrunddessen in Zukunft weigern, sich auftrensen zu lassen.

Korrekt liegt das Gebiss im Maul, wenn die Maulwinkel ein bis zwei Falten werfen. Die Maulwinkel dürfen jedoch nicht nach oben gezogen werden. Auch eine zu lockere Gebisslage ist falsch, weil das Mundstück gegen die Hakenzähne schlagen könnte. Oftmals versuchen Pferde ein zu locker liegendes Gebiss ständig mit der Zunge hochzuschieben. Zu hoch liegende Gebisse zwängen die Laden ein und üben einen ständigen, unangenehmen Druck auf die Mundwinkel aus.

Gebisslose Zäumungen wie Side pull und Hackamore müssen hoch verschnallt werden, damit das Nasenteil nicht auf dem weichen Nasenknorpel, sondern dem harten Knochen aufliegt. Den Beginn des Knorpels kann man durch die seitlichen Einbuchtungen oberhalb der Nüstern mit den Fingern erfühlen.

Das Anlegen von Gamaschen ist dann empfehlenswert, wenn man in unwegsamem Gelände unterwegs ist oder ein anstrengendes Bahntraining bevorsteht. Gamaschen schützen die Beine vor Verletzungen und unterstützen die Sehnen und Bänder. Vor allem bei Drehbewegungen (Spin, Roll

Der Sattelgurt wird langsam und vorsichtig festgezurrt.

8. REITLEHRE

back) ist die Verletzungsgefahr groß, weil sich die Pferde selbst in die Beine treten könnten, wenn der Bewegungsablauf noch nicht perfekt funktioniert. Im Gelände kann sich das Pferd an Baumstämmen, Wurzeln oder Steinen verletzen, wovor Gamaschen ebenfalls einen guten Schutz bieten.
Andererseits lässt die Aufmerksamkeit des Pferdes nach, wenn man seine Beine immer mit Gamaschen schützt. Das Westernpferd sollte aber selbst aufpassen, dass es seine Beine vorsichtig aufsetzt, um Verletzungen zu vermeiden. Zudem müssen sich die Bänder und Sehnen des Pferdes stärken können, was durch eine ständige Stütze durch Gamaschen nicht gewährleistet ist. Deshalb ist die Verwendung von Gamaschen hauptsächlich dann zu empfehlen, wenn extreme Situationen (intensives Training, besonders unwegsames Gelände) vorliegen, und der Schutz der Beine somit als sinnvoll erachtet wird.

Manchmal sind auch sogenannte Skid boots notwendig, die man beim Training des Sliding Stops bei Pferden anbringt, die sich durch das Rutschen auf der Hinterhand ansonsten die Fesselköpfe der Hinterbeine aufscheuern würden.

Ist das Pferd für den Ritt vorbereitet, wird es zum Aufsitzen vor den Stall oder in die Reitbahn geführt. Beim Aufsteigen sollte das Westernpferd ruhig stehenbleiben. Dies ist am sichersten gewährleistet, wenn das Pferd „geschlossen" steht, das heißt nicht in Schrittstellung, was ein Vorwärtstreten geradezu provozieren würde. Der Westernreiter steigt mit Blick zum Pferdekopf auf, um die Reaktionen des Pferdes beobachten zu können. Dabei sitzt man weich in den Sattel ein, um dem Pferd nicht in den Rücken zu fallen. Die Zügel bleiben beim Aufsitzen locker, dennoch sollten sie nicht zu weit durchhängen, um ein sofortiges Annehmen zu ermöglichen, das erforderlich sein kann, wenn das

Damit er die Reaktionen des Pferdes im Auge behält, steigt der Westernreiter mit Blick zum Pferdekopf auf.

73

8. REITLEHRE

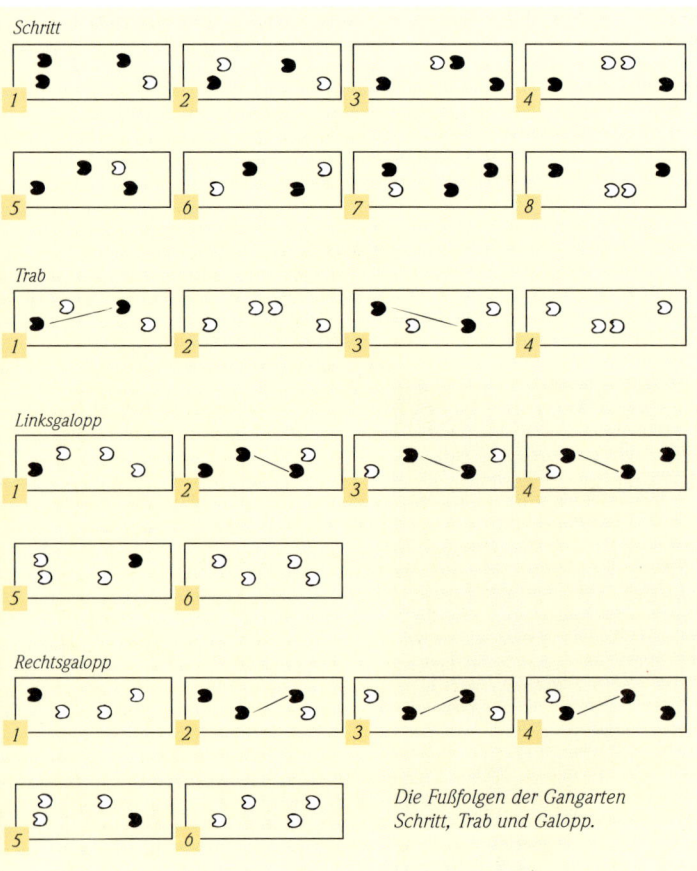

Die Fußfolgen der Gangarten Schritt, Trab und Galopp.

korrigiert, indem man das Pferd rückwärtsrichtet.

Die Gangarten des Westernpferdes

Die Philosophie des Westernreitens erwartet ein selbständiges Mitarbeiten des Pferdes. Das bedeutet in der Praxis, dass das Pferd ohne Zutun des Reiters die einmal aufgenommene Gangart beibehält. So soll das Westernpferd einen fleißigen, weit ausgreifenden Schritt zeigen, einen angenehmen, langsamen Trab und ebensolchen Galopp. Der Reiter gibt lediglich Signale, um dem Pferd mitzuteilen, welche Gangart es einschlagen soll. Selbstverständlich ist die Geschwindigkeit innerhalb einer Gangart variabel und wird ebenfalls vom Reiter über seine Hilfengebung bestimmt (Speed control). Bei allen Gangarten und in jeder Geschwindigkeit muss das Pferd kontrollierbar sein, und sich dabei am möglichst losen Zügel selbst tragen. Dies erfordert eine gewisse Versammlung, die zwar nicht die Extremität der konventionellen Dressurreiterei erreicht, aber zumindest dafür sorgen muss, dass das Gesamtgewicht von Reiter und Pferd vermehrt auf die Hinterhand verlagert wird.

Eine effektive Hilfengebung ist erforderlich, um die notwendige Versammlung ohne ständiges Treiben und Gegenhalten mit dem Zügel zu erreichen. Dies erfordert wiederum

Pferd wegläuft und korrigiert werden muss. Damit das Pferd nicht in der Lage ist, seine Hinterhand vom Reiter wegzudrehen, wird der äußere Zügel (wenn man von links aufsteigt, der rechte Zügel) etwas kürzer genommen. Sollte das Reittier wäh-rend des Aufsteigens wegtreten, kann der Reiter dennoch gefahrlos aufsteigen.

Sitzt man im Sattel, ordnet man in aller Ruhe die Zügel und angelt sich den rechten Steigbügel. Nun wartet man noch etwa zehn Sekunden, bis man dem Pferd das Kommando zum Antreten gibt. Die Wartezeit ist notwendig, um ein vorzeitiges Antreten des Pferdes nach dem Aufsitzen zu unterbinden. Jedes vorzeitige Wegtreten wird konsequent

8. Reitlehre

die Kenntnis über die Fußfolgen der einzelnen Gangarten. Der Reiter muss wissen, wann sich welches Bein des Pferdes wo befindet.

Der Schritt (Walk) ist eine Gangart im Viertakt, wobei man sich die Fußfolge am besten mit der Formel „gleichseitig, aber nicht gleichzeitig" einprägen kann.

Der Trab (Jog) ist ein Zweitakt, wobei die diagonalen Beinpaare gleichzeitig auffußen, jeweils unterbrochen von einer Schwebephase.

Der Galopp (Lope) ist eine Gangart im Dreitakt. Man unterscheidet den Rechts- und Linksgalopp. Auch hier findet man ein diagonales Beinpaar, das gleichzeitig auffußt, allerdings auch sogenannte Einbeinstützen des gegenüberliegenden, diagonalen Beinpaars, das nicht gleichzeitig den Boden berührt. Der Kreuzgalopp (wobei beispielsweise die Vorhand im Linksgalopp und die Hinterhand im Rechtsgalopp läuft) ist eine fehlerhafte Gangart und muss bei Auftreten (meist nach dem Versuch eines fliegenden Galoppwechsels) sofort korrigiert werden. Das Rückwärtsrichten erfolgt im Trabtakt – es fußen jeweils die diagonalen Beinpaare gleichzeitig auf – ohne Schwebephase.

Die Fußfolgen der einzelnen Gangarten:

Schritt: hinten rechts, vorne rechts, hinten links, vorne links;

Trab: vorne links und hinten rechts gleichzeitig – Schwebephase – vorne rechts und hinten links gleichzeitig – Schwebephase;

Linksgalopp: hinten rechts, hinten links und vorne rechts gleichzeitig, vorne links – Schwebephase;

Rechtsgalopp: hinten links, hinten rechts und vorne links gleichzeitig, vorne rechts – Schwebephase;

Der korrekte Sitz (Schultern, Hüfte und Fersen bilden eine lotrechte Linie) ist die Voraussetzung, um die Hilfen korrekt einsetzen zu können.

Sitz und Hilfengebung

Der korrekte Sitz ist die Voraussetzung, um präzise und effektiv auf das Pferd einzuwirken. Er ist also die Grundlage für die richtige Hilfengebung. Der Schwerpunkt des

8. REITLEHRE

Durch die richtige Kombination und feine Dosierung von Zügel-, Schenkel-, Stimm- und Gewichtshilfen kann der Reiter die gewünschte Sensibilität des Pferdes erreichen.

Reiters muss mit dem des Pferdes übereinstimmen, damit das Tier in seinen Bewegungen nicht gestört wird. Daraus ergibt sich eine aufrechte Haltung über dem Zentrum des Pferdes.

Die Ohren des Reiters, Schulter, Hüfte und Absätze bilden eine senkrechte Linie. Die Knie sind leicht angewinkelt, die Absätze tief und die Hüfte leicht aufgestellt. Auf diese Weise kann der Reiter die Bewegungen des Pferdes elastisch ausgleichen. Der Kopf ist erhoben und die Augen blicken über die Pferdeohren hinweg auf den Reitweg. Die Schultern dürfen nicht nach vorne hängen, da ansonsten der gesamte Oberkörper „kollabiert" und in sich zusammenfällt. Die Ellenbogen bleiben am Körper, wobei der Unterarm in Richtung Pferdemaul abknickt und die geradlinige Verlängerung des Zügels darstellt. Die Zügel liegen locker in den weich geschlossenen, aufgestellten Fäusten. Der Reiter muss zügelunabhängig sitzen, er soll sich keinesfalls am Zügel festhalten. Zügelunabhängig kann nur derjenige Reiter sitzen, der bereits das entsprechende Gefühl für die Balance auf dem Pferderücken entwickelt hat.

Von vorne betrachtet sitzt der Reiter zentral über der Wirbelsäule des Pferdes, wobei die Schultern, Ellenbogen und Ab-

8. Reitlehre

sätze jeweils eine waagrechte Linie bilden. Die Beine bleiben auf Tuchfühlung mit dem Pferd und dürfen nicht zu weit abgespreizt werden. Die Fußspitzen dürfen lediglich leicht nach außen zeigen.

Je nach Disziplin variiert der Reitersitz etwas, doch als Ausgangsbasis und Grundsitz gilt der Equitationsitz, welcher vor allem in der Horsemanship-Prüfung gezeigt werden muss. In der Disziplin Horsemanship werden Sitz und Hilfengebung des Reiters beurteilt. Auf einen guten Equitationsitz muss deshalb großer Wert gelegt werden.

Ein guter Sitz ist die Voraussetzung für eine korrekte Hilfengebung. Sitzt der Reiter in korrekter Position, ist es ihm auch möglich, die Hilfen fein und präzise zu geben. Man unterscheidet verschiedene Formen der Hilfengebung: Die Stimmhilfen, die Gewichtshilfen, die Schenkel- und die Zügelhilfen.

Die **Stimmhilfen** sind dabei die wichtigsten Kommunikationsmittel zwischen Reiter und Pferd, weil sie bereits bei der Bodenarbeit eine sehr große Bedeutung haben. Gewichts-, Schenkel- und Zügelhilfen hingegen finden erst unter dem Sattel Anwendung. Die Stimme ist außerdem das sanfteste Hilfsmittel, das dem Reiter zur Verfügung steht, gegenüber dem das Pferd nicht abstumpfen kann. Nicht nur die Bewegungen, sondern auch die Psyche des Pferdes lässt sich anhand der Stimme beeinflussen. Tiefe und sanfte Wortlaute wirken beruhigend auf das Pferd, dagegen haben laute und schrille Töne Nervosität zur Folge. Das Pferd kann sich Wörter und deren Bedeutung einprägen, wenn man für eine bestimmte Forderung immer denselben Ausdruck verwendet. Auf diese Weise lernt das Reittier, auf verbale Kommandos zu gehorchen.

Die **Gewichtshilfen** sind vor allem als bewegungsunterstützende Hilfen anzusehen. Das Pferd tritt stets unter den Schwerpunkt des Reiters, somit kann der Reiter seinen vierbeinigen Partner durch Gewichtsverlagerungen steuern. Nimmt man den Oberkörper nach vorne, tritt auch das Reittier vorwärts. Durch den Einsatz des Gewichts kann man somit auch die Geschwindigkeit innerhalb einer Gangart regulieren. Ein Zurücknehmen des Oberkörpers bewirkt eine Reduzierung der Geschwindigkeit bis hin zum Stop und Rückwärtsrichten, eine Gewichtsverlagerung nach vorne veranlasst das Pferd schneller zu werden beziehungsweise anzutreten.

Schenkel- und Zügelhilfen haben die geringste Priorität beim Westernreiten. Sie können als Hilfs- aber auch als Zwangsmittel eingesetzt werden. In jedem Fall kommen sie erst zur Anwendung, wenn Stimm- und Gewichtshilfen nicht ausreichen, das heißt, wenn aufgrund eines komplizierten Bewegungsablaufes weitere Hilfen notwendig werden oder das Pferd sich widersetzt.

Der Einsatz des Schenkels wirkt stets treibend. Beidseitig eingesetzte Schenkelhilfen lassen das Pferd vorwärts- oder rückwärtstreten. Einem einseitig angelegtem Schenkel soll das Westernpferd seitwärts weichen. Schenkelhilfen können außerdem den Grad der Versammlung steigern, weil durch den Schenkeldruck hauptsächlich die Hinterhand aktiviert wird.

Zügelhilfen sind nur im Notfall angebracht, um ein Pferd zu stoppen oder zu verlangsamen, vielmehr dienen die Zügel dazu, den Pferdekopf zu stellen. Damit erreicht man die korrekte Positionierung des Pferdes für die Ausführung bestimmter Manöver: Die Biegung des Pferdes auf der Zirkellinie beginnt mit der richtigen Stellung des Pferdekopfes nach innen, der vertikal nachgebende Pferdekopf beispielsweise verkürzt den gesamten Pferdekörper und unterstützt das Erreichen der Versammlungshaltung.

9. Gelände

9. GELÄNDE

Reiten im Gelände

Regeln.

Schwierigkeiten.

Hindernisse.

Vorbereitung für einen Geländeritt.

Im Gelände unterwegs.

Reiten in der Gruppe und im Straßenverkehr.

Geländeschwierigkeiten.

Regeln zum Geländereiten.

Geländehindernisse.

Die Westernreitweise ist auf das Reiten im Gelände ausgelegt.

9. GELÄNDE

VORBEREITUNG FÜR EINEN GELÄNDERITT

Die meisten Freizeitreiter – gleich welchem Reitstil sie sich widmen – sind Geländereiter. Nur die wenigsten reiten ausschließlich in der Halle oder auf dem Reitplatz. Ganz besonders aber ist der Westernreiter dem Geländereiten verbunden, da seine Reitweise aus einer Gebrauchsreiterei im Gelände entstanden und deshalb für das Reiten in der freien Natur auch am besten geeignet ist. Die signalartige Hilfengebung ermöglicht ein kräftesparendes Reiten. Die Technik der Zügelführung erlaubt das einhändige Reiten, wobei eine Hand stets frei ist, um Tore zu öffnen, Utensilien aus der Satteltasche zu holen oder ein Handpferd mitzuführen. Der aufrechte, aber lockere Sitz mit langen Bügeln ermöglicht ein bequemes Sitzen über lange Wegstrecken.

Als Geländereiter hat man sich aber auch bestimmten Regeln unterzuordnen, welche die Benutzung der Wege und das Verhalten gegenüber anderen Verkehrsteilnehmern betreffen. Zunächst ist die Ausbildung des Pferdes ein wesentlicher Bestandteil, um sich rücksichtsvoll und regelgerecht im Gelände bewegen zu können. Das Pferd muss an die „Gefahren" im Strassenverkehr sowie in Feld und Flur gewöhnt sein, damit es aufgrund seines Scheuverhaltens keine anderen Verkehrsteilnehmer gefährdet. Ein gut ausgebildetes Westernpferd scheut weder vor Traktoren, Autos oder Motorrädern, noch vor Plastikplanen und anderen ungewöhnlichen Gegenständen im Gelände, weil es mit Ruhe und Geduld darauf vorbereitet worden ist.

Jeder Ausritt muss sorgfältig vorbereitet werden, um Sicherheitsrisiken möglichst auszuschalten. Hierzu gehört die Planung des Rittes mit ungefährer Dauer und Festlegen der Wegstrecke. Diese Informationen hinterlässt man am Stall, damit die Reitkameraden wissen, wo sie suchen müssen, wenn tatsächlich einmal ein Unfall passieren sollte. Ein großer Sicherheitsfaktor ist es auch, immer mindestens zu zweit auszureiten. Allerdings müssen die Pferde unbedingt lernen, auch alleine zu gehen, da man sonst das „Kleben" an Artgenossen fördert. Alleine sollten aber nur erfahrene Reiter ins Gelände gehen, für Anfänger und unsichere Reiter ist eine Begleitung zwingendes Muss.

Auch für kurze Ausritte können Hufkratzer, Stallhalfter, Führstrick, und Ersatzriemen nützlich sein und gehören deshalb zur Grundausrüstung. Für längere Ritte über mehrere Stunden oder gar für einen Wanderritt über Tage ist eine Erste-Hilfe-Ausrüstung besonders wichtig. Als Mindestausstattung sollten Mullbinden, elastische Binden, Verbandspäckchen, Desinfektionsmittel und Klebeband mitgenommen werden. Selbstverständlich muss vor jedem – auch kurzem – Ritt das Sattel- und Zaumzeug auf verschlissene Teile, die gegebenenfalls sofort ausgewechselt werden müssen, überprüft werden.

Auch die Kleidung und Ausrüstung des Reiters muss bestimmte Voraussetzungen erfüllen. Die Schuhe sollten stets einen Absatz haben, damit der Reiter nicht durch den Steigbügel rutschen kann, was bei einem Sturz vom Pferd ansonsten leicht möglich ist. Die Kleidung muss wetterfest, bequem, aber sicher sein. Nicht zu weite Kleidung, um ein Hängenbleiben am Sattelhorn zu vermeiden, Schuhwerk mit Absatz und eine Kopfbedeckung (Hut) als Wetterschutz sind die Standardausrüstung.

Im Gelände unterwegs

Es gibt grundsätzliche Regeln für das Reiten im Gelände, die sich schon allein aus Tierschutzgründen heraus ergeben. Jeder Horseman hat sich seinem Pferd gegenüber so zu verhalten, dass er ihm nicht schadet. Deshalb müssen beim Ritt ins

9. GELÄNDE

Bei Ritten von ein bis zwei Stunden sollte man dem Pferd eine Pause gönnen. Bei kurzen Stopps wird der Sattelgurt gelockert und dem Pferd Gelegenheit gegeben zu grasen.

Gelände einige Regeln beachtet werden. So werden die ersten zehn Minuten eines Ausrittes grundsätzlich im Schritt geritten, damit sich das Pferd aufwärmen und lockern kann.

Galoppiert werden sollten nur Strecken, die dafür geeignet sind. Allerdings ist das Galoppieren auf geeigneten Wegen nicht immer ratsam, weil die Pferde an solchen Wegen bereits aus Gewohnheit von selbst angaloppieren und nicht mehr auf die Hilfen des Reiters warten. An solchen sogenannten „Galoppstrecken" beginnen die Pferde schließlich zu pullen und geraten womöglich außer Kontrolle.

Auf dem Weg zurück zum Stall wird stets ruhig geritten und die letzten zehn Minuten wiederum nur im Schritt, damit sich das Pferd abkühlen kann. Kein Pferd sollte verschwitzt in den Stall zurückkommen, damit Krankheiten vermieden werden können.

Das Tempo eines Ausrittes richtet sich nach der Bodenbeschaffenheit des jeweiligen Weges, nach den Witterungsverhältnissen, nach dem Ausbildungsstand von Reiter und Pferd, nach der Kondition des Pferdes und nach der Übersichtlichkeit des Geländes. Ein Wiesenweg beispielsweise, der in trockenem Zustand eine herrliche Galoppstrecke darstellen kann, ist zum Galoppieren vollkommen ungeeignet, wenn er durch lang anhaltenden Regen verschlammt und durchweicht ist. Man würde die Gras-

81

9. GELÄNDE

narbe zerstören, und das Pferd könnte ausrutschen und sich verletzen, würde man einen solchen Weg im Galopp zurücklegen.

Nach ein bis zwei Stunden im Sattel sollte man seinem Pferd eine Pause gönnen. Dies gilt ganz besonders für Tages- und längere Wanderritte. Als Dauerfresser sollte das Pferd in den Pausen die Möglichkeit bekommen, etwas Nahrung – allerdings keine zu großen Mengen – aufzunehmen.

Auch frisches Trinkwasser muss man dem Tier zur Verfügung stellen. Niemals darf aber ein verschwitztes Pferd getränkt werden. Am besten ist es, wenn man es trocken in die Pause bringt, ist dies nicht möglich, muss es mit Hilfe einer Abschwitzdecke zunächst trocknen, bis man ihm Wasser anbieten kann.

Erhitzte Pferde dürfen erst dann Wasser aufnehmen, wenn Puls- und Atemwerte ihren Normalwert erreicht haben. Das Wasser sollte dann nach Möglichkeit nicht kalt, sondern lauwarm sein.

Während einer kurzen Reitpause wird der Sattelgurt gelockert. Pausiert man hingegen länger als etwa 20 Minuten, sattelt man ab. Normalerweise ist es bei Reitpausen nicht möglich, das Pferd in dieser Zeit auf eine Koppel zu bringen. Deshalb müssen die Tiere in der Regel angebunden oder bei kurzen

Beim Gruppenritt muß auf den schwächsten Reiter und junge Pferde Rücksicht genommen werden.

9. Gelände

Pausen am Zügel gehalten werden. Sollte ein Koppelgang möglich sein, muss das Pferd vor dem erneuten Satteln wieder gründlich geputzt werden, weil sich die Tiere gerne wälzen und die Sattellage durch getrocknetem Schweiß und Schmutz verklebt ist.

Bindet man die Pferde an, muss der Anbindestrick am Halfter befestigt werden – niemals am Gebiss! Der Anbindestrick wird hoch genug und nicht zu lang fixiert, und die Pferde mit genügendem Abstand zueinander angebunden.

Der Gruppenritt

Der Ritt innerhalb einer Gruppe erfordert ein hohes Maß an Disziplin und Rücksichtnahme. Es muss immer auf den schwächsten Reiter oder das unerfahrenste Pferd Rücksicht genommen werden. Dies gebietet allein schon die Sicherheit. Es hat sich bewährt, dass man innerhalb einer Gruppe in einer festgelegten Formation reitet, weil die Pferde auf ihrem zugewiesenen Platz immer vor, neben oder hinter denselben Artgenossen ruhiger bleiben. Ein erfahrener Gruppenführer, der Reiter und Pferde kennen sollte, weist die Reiter auf ihre Plätze ein. Dabei sollten unverträgliche, ausschlagende Pferde immer das Schlusslicht einer Gruppe bilden, um andere Pferde und deren Reiter nicht zu gefährden. Heftige und eher flott ausgreifende Pferde sollten am Anfang der Gruppe gehen, faule und träge Tiere in den hinteren Reihen.

Pferde, die in Gruppenauslaufhaltung zusammenleben, sollten auch beim Ausritt nebeneinander gehen, weil diese sich in der Regel gut verstehen. Fremden Pferden gegenüber muss man besondere Vorsicht walten lassen, am besten ist es, wenn man Pferden, die sich nicht kennen, aus Sicherheitsgründen den direkten Kontakt zueinander verwehrt.

Reiten im Straßenverkehr

Eine feste Reihenfolge und Einteilung der Gruppe ist empfehlenswert, wenn mehrere Reiter gemeinsam unterwegs sind. Im Straßenverkehr ist die Ordnung schon aus Sicherheitsgründen notwendig. Ein Reiterverband darf höchstens 25 Meter betragen, das entspricht in der Regel einer Gruppe von 16 Reitern, die paarweise hintereinander reiten. Ist man mit mehr als 16 Reitern unterwegs, müssen zwei Verbände gebildet werden. Reitet man zu zweit nebeneinander, sollten die unsicheren Pferde stets auf der rechten und somit verkehrsabgewandten Seite gehen.

Für den Reiter gilt die Straßenverkehrsordnung wie für jeden anderen Verkehrsteilnehmer. Das Pferd ist dabei im Straßenverkehr den Fahrzeugen gleichgestellt.

Weil das Pferd im Straßenverkehr als Fahrzeug eingestuft wird, muss der Reiter am rechten Fahrbahnrand reiten und darf weder Gehsteige noch ausgewiesene Fahrradwege benutzen. Richtungsänderungen müssen – wie beim Radfahrer auch – durch Handzeichen angezeigt werden, wobei mindestens der letzte Reiter das Abbiegezeichen des Berittführers an der Spitze der Gruppe wiederholen muss, damit auch nachfolgende Autofahrer die Absicht der Reitergruppe erkennen können. Es empfiehlt sich, beim Reiten im Straßenverkehr den üblichen Abstand von einer Pferdelänge etwas zu verringern, damit die Gruppe geschlossen bleibt. Beim Aufrücken reitet man aus Sicherheitsgründen etwas versetzt. Nur bei Pferden, die möglicherweise ausschlagen könnten, hält man auch auf der Straße eine Pferdelänge Abstand ein. Ein Verband gilt übrigens als ein Verkehrsteilnehmer. Beim Einreiten in einen Kreuzungsbereich müssen deshalb alle anderen Verkehrsteilnehmer warten, bis alle Reiter die Kreuzung passiert haben. Als Reiter sollte man aus Sicherheitsgründen jedoch nicht auf sein Recht bestehen.

83

9. GELÄNDE

Das Schild „Verboten für Fahrzeuge aller Art" gilt nicht für Tiere. Der Reiter darf den Weg also getrost benutzen.

Das Rechtsabbiegen mit einer Reitergruppe ist relativ problemlos. Hingegen kann es beim Linksabbiegen Schwierigkeiten geben, vor allem wenn die Reitergruppe sehr groß ist und viel Verkehr herrscht. In diesem Fall ist es besser, zunächst an der abbiegenden Straße in Einerreihen vorbeizureiten, wobei der gesamte Verband schließlich – sobald es der Verkehr zulässt – gleichzeitig auf die Anweisung „linksum" zur Strassenmitte schwenkt und nebeneinander die Straße überquert. Der ehemals letzte Reiter fordert die Gruppe mit einem weiteren „linksum" bei Erreichen der gegenüberliegenden Straßenseite auf, sich hinter ihm wieder einzureihen. Jetzt ist es einfach, die gewünschte Straße durch Rechtsabbiegen zu erreichen.

Überkreuzt man eine Strasse mit einer Reitergruppe oder reitet in eine Straße nach links ein, kann eine Absicherung durch zwei Reiter notwendig werden, wenn der Verband sehr groß ist und das Überkreuzen länger dauert. Damit die Gruppe nicht zu lange für die Straßenüberkreuzung benötigt, reitet man dann auch am besten in Zweierreihen.

Der Reiter muss sich wie die anderen Verkehrsteilnehmer an die Straßenverkehrsordnung (StVO) halten. Deshalb gelten für den Reiter selbstverständlich auch die Verkehrszeichen und Verkehrsregeln. Man darf weder entgegen der Fahrtrichtung einer Einbahnstraße reiten, noch ohne anzuhalten ein Stoppschild passieren. Zu beachten sind ebenso die gewidmeten Straßen und Wege, die mit einem blauen Schild und

GELÄNDESCHWIERIGKEITEN

entsprechendem weißen Zeichen (für Radfahrer, Fußgänger oder eben auch Reiter) versehen sind. Ist ein derartiges blaues Gebotsschild mit weißem Reiter angebracht, muss man diesen Weg als Reiter benutzen. Ist es jedoch ein Gebotsschild für Fußgänger oder Radfahrer, darf man in keinem Fall darauf reiten. Verbotsschilder (roter Rand, schwarze Zeichnung) sind sinngemäß zu beachten. Ausnahme: Das Vorschriftszeichen „Verboten für Fahrzeuge aller Art" (roter Rand auf weißem Grund) gilt nicht für Tiere.

Da der Reiter als Verkehrsteilnehmer der Straßenverkehrsordnung unterliegt, muss er bei Dämmerung und Dunkelheit ausreichend beleuchtet sein. Dies geschieht beim einzelnen Reiter am besten durch eine Stiefellampe, die nach vorne ein weißes und nach hinten ein rotes Licht abstrahlt. Ein Verband muss mit einem weißen Licht durch die vorderen Flügelreiter und einem roten Licht der letzten beiden Reiter kenntlich gemacht werden.

Jeder Reiter darf bis zu zwei Handpferden mitführen, die auf der Straße an der verkehrsabgewandten Seite laufen müssen. Von einem Fahrzeug aus dürfen keine Pferde geführt werden, weder vom Auto noch vom Fahrrad aus, weil von einem Fahrzeug aus keine ausreichende Einwirkung auf ein Pferd möglich ist.

Das Reiten im Gelände kann neben dem Straßenverkehr auch noch weitere Schwierigkeiten und Hindernisse bereithalten. Dem Reiter werden dabei Steine nicht nur im wahrsten Sinne des Wortes, sondern auch in Form von gesetzlichen Regelungen in den Weg gelegt, denn Reiten ist keineswegs überall erlaubt. Das Reitrecht ist in den einzelnen Bundesländern unterschiedlich, und jeder Reiter sollte sich über seine Rechte und Pflichten informieren, um Konflikte und Konfrontationen zu vermeiden.

Allgemeine Regeln zum Reiten im Gelände

Da die Regelungen über das Reiten in Wald und Feld in jedem Bundesland unterschiedlich sind, muss sich jeder Reiter beim zuständigen Landesreitverband erkundigen, welche Gesetze für das jeweilige Reitgebiet gelten. In

Das Reiten auf Dämmen (links im Bild) ist untersagt. Der Reiter muss deshalb auf die Straße ausweichen.

9. GELÄNDE

Niedersachsen beispielsweise ist eine Kennzeichnungspflicht erforderlich, wobei nur die ausgewiesenen Wege zum Reiten benutzt werden dürfen. In Bayern darf hingegen auf allen Wegen geritten werden, auf denen das Reiten nicht ausdrücklich verboten ist. Eine Kennzeichnungspflicht ist hier nicht generell vorgeschrieben, allerdings haben sie einige bayerische Gemeinden mittlerweile eingeführt.

Grundsätzlich darf man nirgendwo querbeet reiten, außer wenn das betreffende Feld nicht bewirtschaftet wird. Das ist oftmals nach der Ernte ab Oktober bis zum Frühjahr der Fall (z. B. Stoppelfel-

Wasserläufe dürfen erst durchritten werden, wenn sichergestellt ist, dass der Boden seicht und fest genug ist.

9. Gelände

der). Ebenso darf auf Dämmen, Feldrainen, Aufwuchswiesen, Schonungen und Grabenböschungen nicht geritten werden.
Die Rücksichtnahme des Reiters auf andere Wegbenutzer sollte eine Selbstverständlichkeit sein. Dass man an Fußgängern, Radfahrern, anderen Reitern und an Vieh- und Pferdeweiden nur im Schritt vorbeireitet, ist eine Regel, die jeder beherzigen sollte, um Konfrontationen aber auch Unfälle zu vermeiden. Ebenso ist es anzuraten, während der Dämmerung Waldränder möglichst zu meiden, um das Wild nicht zu stören.

Geländehindernisse

Geländeritte können voller Überraschungen sein. Der Reiter muss in ungewohnten Situationen wissen, wie er sich zu verhalten hat, um Unfälle zu vermeiden. Das Wetter spielt beim Reiten in der freien Natur eine große Rolle. Im Winter gibt es beispielsweise viele Gefahren, die in der warmen Jahreszeit nicht auftauchen. Nasser Schnee stollt durch die Hufeisen sehr schnell auf, dass das Pferd kaum mehr laufen kann. Es kann sich hierbei eine Sehnenverletzung holen oder ausrutschen. Spezielle Gummieinlagen – unter die Eisen genagelt – verhindern das Aufstollen von Schnee recht zuverlässig, dennoch sind Hufeisen auf Eis und Schnee äußerst rutschig. Wem es möglich ist, sollte deshalb sein Pferd im Winter ohne Eisen laufen lassen. Gerät man im Gelände an eine rutschige Stelle – sei es durch Eis, Schnee oder Matsch – ist es angebracht, das Pferd zu führen. Das Reittier kann sich ohne Reitergewicht besser ausbalancieren.

Dasselbe gilt für extreme Steigungen und Abhänge, bei denen man ebenfalls das Pferd am langen Zügel führen sollte. Weniger gefährliche Steigungen bewältigt man mit etwas vorgeneigtem Oberkörper, um den Pferderücken beim Bergaufklettern zu entlasten. Abhänge reitet man auf kürzestem Weg hinab und bleibt dabei aufrecht (in senkrechter Position) sitzen. Steigungen und Abhänge werden grundsätzlich im Schritt bewältigt, um ein möglichst sicheres Überwinden zu gewährleisten.

Das Wetter kann dem Reiter auch im Sommer einen Strich durch die Rechnung machen, wenn plötzlich ein Gewitter aufzieht. Wenn man beim Rückritt nicht rechtzeitig am Heimatstall ankommt, sollte man sich zum Schutz eine Scheune oder einen Unterstand suchen. Das Pferd wird nicht angebunden, sondern am Zügel beziehungsweise Führstrick gehalten. Sind keine Unterstellmöglichkeiten vorhanden, meidet man Baumgruppen, einzeln stehende Bäume und Wasser.

Beim Überwinden von Geländehindernissen, seien es Holzbrücken, Abhänge, Steigungen oder Wasserdurchritte muss stets die Sicherheit an erster Stelle stehen. Wasserstellen durchreitet man erst, wenn sichergestellt ist, dass das Wasser nicht zu tief und der Boden fest genug ist.

Sollte sich das Pferd trotz größter Vorsicht einmal verletzt haben und lahmen, führt man es langsam zum Stall zurück oder organisiert an der nächsten Straße eine Transportmöglichkeit. Manchmal beginnen Pferden aber auch aus unerfindlichen Gründen zu lahmen. Hier ist es zunächst wichtig, die Hufe zu kontrollieren, ob sich das Pferd Steinchen oder andere Fremdkörper eingetreten hat. Oft kann somit die Lahmheitsursache gefunden und beseitigt werden. Ist nicht festzustellen, weshalb das Pferd lahmt oder erkennt man eine sichtbare Verletzung, warme Stellen oder geschwollene Sehnen, wird das Pferd nach Hause geführt beziehungsweise eine Transportmöglichkeit organisiert.

10. Turniere

Reiten auf dem Turnier

Turnierarten.

Disziplinen.

Die Leistungsklassen.

Das Regelwerk.

Will man auf Turnieren starten, muss man sich mit dem jeweils gültigen Regelbuch vertraut machen.

10. TURNIERE

TURNIERARTEN UND DISZIPLINEN

Jeder Reiter, der auf Turnieren starten will, muss sich bestimmten Regeln unterwerfen. Die verschiedenen Westernreit-Organisationen und -Verbände haben teilweise eigene Regelbücher erstellt, welche auf den jeweiligen Turnieren Gültigkeit haben. Die EWU hat das Westernreitabzeichen eingeführt, somit ist auch das Regelbuch der EWU für die Beantwortung der Fragen zum Thema Turnierreiten maßgebend. Das Regelbuch wird jährlich überarbeitet, ergänzt oder geändert, so dass man sich jedes Jahr neu damit beschäftigen sollte, um sich über die Neuerungen zu informieren. Das jeweils gültige Regelbuch der EWU ist auch Grundlage, sich für die Westernreitabzeichen-Prüfung vorzubereiten.

Die EWU hat folgende Turnierarten festgelegt: Europameisterschaften (EM), Deutsche Meisterschaften (DM), überregionale Qualifikationsturniere zu Meisterschaften (A-Q-Turnier), überregionale Turniere (A-Turnier), regionale Meisterschaften (B-Turnier), Regionalturniere (C-Turnier), Einsteigerturniere (D-Turnier), Mannschaftsturniere (M-Turnier) und Vielseitigkeitsturniere (V-Turnier).

Innerhalb dieser Turniere können folgende Disziplinen durchgeführt werden:

Showmanship at halter: Eine Disziplin für Jugendliche, in der die Teilnehmer die Pferde an der Hand vorführen und hauptsächlich der Vorführer in seiner Fähigkeit, ein Pferd korrekt vorzustellen, beurteilt wird.

Western Pleasure: In dieser Prüfung werden alle Teilnehmer gemeinsam in die Arena gebeten. Die Pferde werden unter dem Sattel in allen drei Grundgangarten vorgestellt. Beurteilt werden die Gänge, das Exterieur und die Manier des Pferdes.

Western Horsemanship: Eine zweigeteilte Prüfung, bei der in erster Linie der Sitz und die Hilfengebung des Reiters beurteilt werden. Im ersten Prüfungsteil stellt der Reiter sein Pferd in einer Einzelaufgabe vor, die verschiedene Manöver beinhalten kann, und bei der es auf exaktes Reiten ankommt. Der zweite Prüfungsteil besteht aus einer Western Pleasure. Die Western Horsemanship gibt es nicht in der offenen Klasse und wird stets als all ages-Prüfung ausgeschrieben.

Trail: Ein Geschicklichkeitsparcours, der die Rittigkeit, den Gehorsam und die Zuverlässigkeit des Pferdes prüft. Es müssen verschiedene Hindernisse überwunden werden, wobei es Pluspunkte gibt, wenn das Pferd in der Lage ist, selbständig den Weg durch ein Hindernis zu finden, bei schwierigen Aufgaben aber die Hilfen des Reiters willig und aufmerksam annimmt. Auf EWU-Turnieren sind drei Pflichthindernisse, das Tor, das Überqueren von mindestens vier Stangen und Rückwärtsrichten durch ein Hindernis, vorgeschrieben. Weitere Aufgaben können beispielsweise sein: Überwinden einer Brücke, einer Plane oder eines Sprungs, Seitwärtsgänge über Hindernisse, Vor- und Hinterhandwendungen in Hindernisse integriert, Transportieren eines Gegenstands, Nachschleifen eines Gegenstands, Aus- und Anziehen eines Regenmantels, Gehorsamsübungen wie Ground tying und so weiter. Der Phantasie des Parcoursbauers sind kaum Grenzen gesetzt, doch müssen die verlangten Aufgaben fair und sicher aufgebaut sein. Der Richter kann bestimmte Hindernisse ablehnen, wenn er sie für zu gefährlich hält.

Western Riding: In der Western Riding wird die Rittigkeit des Pferdes geprüft. In einer vorgeschriebenen Pattern müssen kurz aufeinanderfolgende fliegende Galoppwechsel gezeigt werden, neben der Gangart Galopp aber auch Schritt und Trab. Mögliche Aufgaben innerhalb dieser Prüfung sind auch das Überrei-

In der Cuttingprüfung arbeitet das Pferd selbständig. Die Aufgabe besteht darin, ein Rind aus der Herde auszusondern und von seinen Artgenossen fernzuhalten.

ten von Stangen und Durchreiten eines Tors.

Reining: Diese Prüfung stellt für viele Westernreiter die Königsdisziplin dar. Sie ist die eigentliche Westerndressur, welche ausschließlich im Galopp geritten wird. Geprüft werden die Rittigkeit, der Gehorsam und die Durchlässigkeit des Pferdes. Hierzu muss eine vorgeschriebene Pattern absolviert werden, die verschiedene Manöver enthält wie Sliding Stop (Stopp aus dem Galopp), Roll back (gesprungene, 180-Grad-Hinterhandwendung), Run down (Galoppgerade), Zirkel in verschiedenen Größen und Geschwindigkeit und Spins (gelaufene 360-Grad-Hinterhandwendung).

Superhorse: Diese Prüfung stellt eine Vielseitigkeitsaufgabe dar, die sich aus verschiedenen Prüfungen zusammensetzt. Enthalten sind hierbei Elemente aus den Disziplinen Reining, Trail, Western Riding und Pleasure. Diese Prüfung ist sehr anspruchsvoll und wird deshalb nur in Amateur- und Profiklassen ausgeschrieben.

Cutting: Unter Cutting versteht man das Aussondern eines Rindes aus einer Herde. Innerhalb von zweieinhalb Minuten kann der Reiter so viele Rinder arbeiten, wie es ihm angebracht erscheint. Die Aufgabe des Pferdes ist, das Rind am Zurücklaufen zur Herde zu hindern. Der Richter verteilt Pluspunkte, wenn das Pferd offensichtlich in der Lage ist, ein Rind zu kontrollieren.

Working Cowhorse: Eine weitere Rinderdisziplin, die aus zwei Teilen besteht. Die sogenannte Dry Work (Trockenarbeit) besteht aus einer Reiningaufgabe. Im zweiten Teil, der Fence Work, müssen Reiter und Pferd ein einzelnes Rind arbeiten. Der Reiter muss sein Pferd so lenken, dass er das Rind einige Male an der kurzen Seite der Bande, dann an der langen Seite der Bande auf- und abtreiben kann. Schließlich muss er das Rind in Form einer Acht zirkeln.

Team Penning: Eine Mannschaftsprüfung, bei der drei Reiter innerhalb von zweieinhalb Minuten zur Aufgabe haben, drei markierte Rinder von der Herde zu trennen und diese in einen Korral zu treiben.

Pole bending: Beim Pole bending handelt es sich um eine Renndisziplin, bei der der Reiter im Slalom um Stangen galoppieren muss. Der schnellste Reiter gewinnt, wobei umgeworfene Stangen jeweils mit einer Zeitstrafe geahndet werden.

Barrel race: Eine Renndisziplin, wobei der Reiter drei Tonnen auf einem vorgeschriebenen Kurs umrunden muss. Auch hier werden für umgeworfene Tonnen Zeitstrafen verhängt.

Halterklassen (das Vorstellen der Pferde an der Hand zur Beurteilung von Gangarten, Exterieur, Futter- und Pflegezustand) und **Quarter Mile Races** (traditionelle Rennen für Quarter Horses über eine Viertel Meile) werden auf EWU-Turnieren nicht ausgeschrieben.

Die Siegerschleifen auf Westernturnieren haben folgende Farben:

10. Turniere

1. Platz: Blau, 2. Platz: Rot,
3. Platz: Gelb, 4. Platz: Weiß,
5. Platz: Rosa, 6. Platz: Grün,
7. Platz: Lila, 8. Platz: Braun,
9. Platz: Grau,
10. Platz: Hellblau;
Der Allround-Champion eines Turniers wird mit einer großen lila Schleife geehrt.
Auf Westernturnieren können auch Spiele ausgeschrieben werden, wobei es sich in der Regel um Renndisziplinen handelt, die meistens von Jugendlichen und Kindern geritten werden.

Die Leistungsklassen

Um jedem Reiter die gleichen Chancen auf einem Turnier einzuräumen, wurden Leistungsklassen sowohl für Reiter als auch für Pferde eingeführt.
Die Pferde starten in unterschiedlichen Altersklassen, da der Ausbildungsstand von jungen Pferden noch nicht so weit fortgeschritten ist wie der eines älteren Pferdes. In den sogenannten Jungpferdeprüfungen und in den Juniorklassen dürfen daher nur drei- und vierjährige Pferde an den Start gehen. In diesen Prüfungen dürfen die jungen Pferde zweihändig auf Snaffle bit oder Hackamore vorgestellt werden.
Auch in all ages-Klassen sind Jungpferde zugelassen, denn diese Prüfungen sind für Pferde jeden Alters goffen. Die erlaubte Zäumung richtet sich dabei nach dem Alter des Pferdes.
In Seniorklassen sind Pferde ab fünf Jahren startberechtigt. Sowohl in all ages- als auch in Seniorklassen müssen die fünfjährigen und älteren Pferde auf Bit (Stangenzäumung) und zwar einhändig geritten werden. Eine Ausnahme sind Einsteigerklassen, bei der auch ältere Pferde mit Snaffle bit beidhändig vorgestellt werden dürfen.
Insgesamt gibt es vier Leistungsklassen der Reiter, die Open-, Amateur-, Einsteiger- und Jugendklasse. In der offenen bzw. Open-Klasse müssen alle professionellen Reiter und Trainer (auch Jugendliche) starten, die gegen Entgelt fremde Pferde ausbilden oder Reiter unterrichten. Startberechtigt in dieser Klasse sind auch Amateurreiter.
In der Amateurklasse sind alle Reiter startberechtigt, die nicht mehr als DM 200,- Aufwandsentschädigung für das Unterrichten von Reitern erhalten. Die Amateurreiter müssen eine gültige Amateurkarte vorweisen können.
Die Einsteigerklasse bietet den Turnieranfängern die Möglichkeit, unter erleichterten Bedingungen in das Turnierreiten einzusteigen. Es dürfen in der Einsteigerklasse nur Pferde ab einem Alter von vier Jahren starten, wobei aber die beidhändige Zügelführung und die Zäumung auf Snaffle bit oder Hackamore erlaubt ist. Erreicht ein Einsteiger innerhalb von zwei Jahren drei oder mehr Platzierungen, muss er im nächsten Jahr in der Amateurklasse starten.

Das Regelwerk

Vereine und Verbände können für die Ausrichtung von Westernreitturnieren unterschiedliche Regelbücher zugrunde legen. Viele Vereine haben ein eigenes Regelbuch erstellt, so auch die größte Westernreitorganisation in Deutschland, die EWU. Die unterschiedlichen Regelbücher müssen keineswegs übereinstimmen, meist aber sind sie einander angelehnt. Doch gerade weil oftmals nur in Kleinigkeiten unterschieden wird, gilt es, das jeweilige Regelbuch genauestens zu studieren, damit man nicht aufgrund eines Formfehlers möglicherweise disqualifiziert wird.
Die Vereine und Verbände überarbeiten ihre Regelbücher jedes Jahr, darum muss man sich zu Beginn jeder Turniersaison über Neuerungen informieren. Das EWU-Regelbuch ist auch Grundlage für die Prüfung des Westernreitabzeichens, wobei einige Ausnahmen zu beachten sind. In der Trailprüfung ist beispielsweise das Tor kein Pflichthindernis. Doch der Prüfungsteilnehmer muss sich in Ausrüstung und Kleidung dem Regelbuch unterwerfen. Bei der Prüfung des Westernreitabzeichens gelten die Turniervorschriften der Einsteigerklasse.

Tierschutz

Der Reiter als Tierschützer.

Das Tierschutzgesetz.

Aktiver Tierschutz beginnt bei der artgemäßen Haltung...

DER REITER ALS TIERSCHÜTZER

Jeder Reiter und Pferdehalter hat eine große Verantwortung gegenüber dem Tier. Übertriebener Ehrgeiz, hohe Preisgelder und Egoismus verleiten so manchen Reiter zu tierschutzwidrigen Maßnahmen. Hierzu gehören beispielsweise das Drangsalieren eines Pferdes mit Sporen, das Abverlangen von Leistungen, denen das Pferd nicht gewachsen ist, aber auch die unsachgemäße Haltung und Fütterung. Eine ausschließliche Haltung in Ständern oder zu kleinen Boxen ist ebenso tierschutzwidrig wie eine nur einmalige Fütterung pro Tag. Doch nicht nur Turnierreiter überschreiten oftmals die Grenzen des Erlaubten, auch Freizeitreiter quälen ihre Pferde aus Unwissenheit oder Unvermögen. Ständiges Ziehen am Zügel, unaufhörliches Klopfen mit den Sporen und unangebrachte Peitschenhiebe können für die Tiere zur Qual werden. In fast allen Fällen geschieht eine derartige Tierquälerei nicht aus Vorsatz, sondern aus Unwissenheit. Entsprechende Ausbildungsmaßnahmen sind deshalb gefordert – das Westernreitabzeichen in Bronze ist beispielsweise auch ein Schritt auf diesem Weg. Leider ist die Ausbildung in vielen Reitställen unzureichend oder nur auf die reiterliche Fortbildung fixiert. Doch auch das Wissen um die Haltung, Fütterung und den Gesundheitszustand des Pferdes gehören für jeden Reiter und Pferdehalter zur Grundlage, um das Tier artgerecht zu halten und zu behandeln.

Nur durch entsprechendes Wissen kann der Reiter aktiven Tierschutz ausüben, sei es durch die Vermittlung seiner Kenntnisse an andere

11. Tierschutz

oder eigenes Vorleben. Jeder Reiter sollte bestrebt sein, die notwendigen Kenntnisse und Fähigkeiten zu erlangen, um mit Pferden artgerecht umzugehen und sie ebenso zu halten. Auch reiterliches Können muss hierzu erlangt werden, denn ein ständig am Zügel ziehender oder auf den Rücken des Pferdes plumpsender Reiter quält sein Tier genauso wie der Pferdehalter, der seinen Vierbeiner in einer möglicherweise zu kleinen, dunklen und stickigen Box hält.

Das Reiten gut zu erlernen, bedeutet deshalb aktiver Tierschutz. Es muss die Pflicht und das Bestreben eines jeden Reiters sein, sein reiterliches Vermögen so gut es eben möglich ist zu verbessern, um sich keiner unbewussten oder fahrlässigen Tierquälerei schuldig zu machen. Der Reiter sollte stets der Freund seines Pferdes sein, somit ergibt sich zwangsläufig das Bestreben um eine artgerechte Tierhaltung und pferdefreundliches Reiten.

Das Tierschutzgesetz

Im ersten Paragraphen des Tierschutzgesetzes steht der zusammenfassende Satz: „Niemand darf einem Tier ohne vernünftigen Grund Schmerzen, Leiden oder Schäden zufügen." Daraus resultiert, dass ein Reiter, der ständig

...und zieht sich durch die gesamte Ausbildung des Pferdes.

massiv am Zügel zieht und dem Pferd dabei erhebliche Schmerzen im Maul zufügt, eindeutig tierquälerisch handelt. Das Bemühen um eine gute Reitausbildung ist also Pflicht eines jeden Reiters, um dem Tier vermeidbare Schmerzen zu ersparen.

Genauso verhält es sich mit der Pferdehaltung und dem Umgang mit den Vierbeinern. Im zweiten Paragraphen des Tierschutzgesetzes heißt es: „Wer ein Tier hält, betreut oder zu betreuen hat, 1. muss das Tier seiner Größe und seinen Bedürfnissen entsprechend angemessen ernähren, pflegen und ver-

haltensgerecht unterbringen, 2. darf die Möglichkeiten des Tieres zu artgemäßer Bewegung nicht so einschränken, dass ihm Schmerzen oder vermeidbare Leiden oder Schäden zugefügt werden." Somit ist auch die ständige Boxenhaltung ohne täglichen Bewegungsausgleich nicht akzeptabel. Die aus Bewegungsmangel entstehenden Leiden äußern sich durch Verhaltensstörungen wie Weben, Koppen und seelische Unausgeglichenheit.

Laut Tierschutzgesetz ist es ebenfalls verboten, „einem Tier außer in Notfällen Leistungen abzuverlangen, denen es wegen seines

12. Erste Hilfe

Zustandes offensichtlich nicht gewachsen ist oder die offensichtlich seine Kräfte übersteigen". Dies ist beim Training des Pferdes zu berücksichtigen, wozu viel Einfühlungsvermögen erforderlich ist. Übertriebener Ehrgeiz und Ungeduld des Reiters können beispielsweise mögliche Ursachen dafür sein, Pferde zu überfordern.

Beim Verstoß gegen das Tierschutzgesetz kann dem Tierhalter in extremen Fällen die Haltung von Tieren verboten werden. Des weiteren können Bußgelder verhängt werden. Leider sind die Grenzen zur Tierquälerei stets fließend, weil die Gefühle der Tiere nicht mit einem Maßstab zu erfassen sind. Der wahre Tierfreund aber bemüht sich stets um eine bestmögliche Haltung und Fütterung seiner Tiere und berücksichtigt ihre artspezifischen Bedürfnisse.

Erste Hilfe

Sofortmaßnahmen am Unfallort.

Erste-Hilfe-Maßnahmen beim Pferd.

Sofortmaßnahmen:

Bei Bewußtlosigkeit.

Offenen Wunden und Blutungen.

Zur Bekämpfung des Schockzustandes.

Bei Verdacht auf Knochenbruch.

Vorbeugen ist besser als heilen.

Der Reiter muss nicht nur Kenntnisse über Haltung, Pflege, Umgang und Reitlehre vorweisen, sondern muss auch wissen, wie er Erste Hilfe leisten kann.

12. Erste Hilfe

Sofortmassnahmen am Unfallort

Um zur Prüfung für das Westernreitabzeichen zugelassen zu werden, ist ein Nachweis über Grundkenntnisse der Ersten Hilfe notwendig. Die meisten Veranstalter von Kursen zum Westernreitabzeichen bieten innerhalb des Pflichtkurses einen Erste Hilfe-Block an, in denen die Mindestanforderungen vermittelt werden. Dennoch ist es jedem Reiter grundsätzlich anzuraten, einen vollständigen Erste Hilfe-Kurs zu belegen, weil die erlernten Fähigkeiten und Kenntnisse für Mitmenschen lebensrettend sein können. Der Kurs sollte im zweijährigen Turnus wiederholt werden, um das Wissen aufzufrischen. Bei fast allen Institutionen, die einen Erste Hilfe-Kurs als Voraussetzung verlangen, darf der letzte Kurs nicht länger als zwei Jahre zurückliegen. Oft reicht der Kurs „Sofortmaßnahmen am Unfallort", der für den Führerschein notwendig ist, für andere Voraussetzungen nicht aus, meist wird ein vollständiger Erste Hilfe-Kurs verlangt, der mindestens acht Doppelstunden umfasst.

Die einzelnen Erste Hilfe-Maßnahmen bei den verschiedenen Verletzungen werden hier nur kurz angerissen. Eine Kursbelegung in Erste Hilfe lässt sich mit diesen Ausführungen natürlich nicht ersetzen, sie sollen lediglich als Gedankenstütze dienen.

Die Rettungskette:
1. **Sofortmaßnahmen,**
2. **Notruf,**
3. **Erste Hilfe,**
4. **Rettungsdienst,**
5. **Krankenhaus;**

Ist es notwendig, bei einem Unfall Sofortmaßnahmen einzuleiten, gilt es, zunächst einmal möglichst Ruhe zu bewahren und besonnen zu reagieren. Man verschafft sich einen Überblick über die Lage, sichert gegebenenfalls die Unfallstelle ab (im Straßenverkehr) und stellt fest, wieviele Verletzte mit welchen Verletzungen es gibt. Sind bei einem Reitunfall herrenlose Pferde unterwegs, versucht man, größeren Schaden abzuwenden. Ist der Unfall in der Nähe einer stark befahrenen Straße geschehen, kann es sinnvoll sein, zunächst die entlaufenen Pferde einzufangen, um schlimme Folgeunfälle zu vermeiden, wenn die Verletzungen der verunglückten Reiter nicht lebensgefährlich sind.
Beim Absetzen des Notrufs müssen folgende Angaben durchgegeben werden: Wo geschah es? Was ist geschehen? Wieviele Verletzte gibt es? Welche Verletzungen liegen vor? Wer meldet den Unfall? Man kann sich die Fragen leicht merken, wenn man nach fünf Fragewörtern mit dem Anfangsbuchstaben „W" sucht. Außerdem sollte man unbedingt auf Rückfragen warten, denn oftmals vergisst man dennoch einige wichtige Angaben in der Aufregung. Es kann aber auch passieren, dass der Gesprächspartner etwas nicht verstanden hat und deshalb nachfragen muss.

Bei Bewusstlosigkeit

Angenommen es fällt ein Reiter vom Pferd und bleibt bewusstlos am Boden liegen. Wie geht der Ersthelfer vor?
Zunächst stellt man die Bewusstlosigkeit fest, indem man den Verletzten anspricht, dieser aber nicht reagiert. Daraufhin kontrolliert man den Puls und die Atmung des Bewusstlosen. Man überprüft, ob der Verletzte Erbrochenes oder Fremdkörper im Mund hat, die die Atmung behindern könnten. Ist dies der Fall, räumt man den Mundraum aus. Der Verletzte wird bei vorhandenem Puls und Atmung in die stabile Seitenlage gebracht. Dabei darf man nicht vergessen, den Hals nach hinten zu überstrecken. Atmung und Puls müssen ständig kontrolliert werden, wenn der Verletzte in die stabile Seitenlage

gebracht worden ist, und man auf den Rettungsdienst wartet.
Sollte die Atmung aussetzen oder erst gar nicht vorhanden gewesen sein, ist in der Regel auch kein Puls zu fühlen. Dann muss der Ersthelfer sofort mit Wiederbelebungsmaßnahmen beginnen. Diese bestehen aus der Herzmassage und Atemspende.
Vermutet man bei einem Verletzten eine Schädigung im Schädel-/Hirnbereich oder an der Wirbelsäule sollte man den Verunglückten möglichst nicht bewegen oder transportieren. Dies ist jedoch nur bei Verletzten zu beachten, die bei Bewusstsein sind. Bei Bewusstlosen drohen lebensbedrohliche Störungen durch Atem- oder Herzstillstand, so dass stabile Seitenlage, Herzmassage und Atemspende vorrangig sind.

Offene Wunden und Blutungen

Müssen offene Wunden und Blutungen von einem Arzt versorgt werden, ist es falsch, diese zuvor mit Salben, Puder oder Desinfektionsmittel zu behandeln. Die Wunde wird lediglich steril abgedeckt, bei stark blutenden Wunden bringt man einen Druckverband an. Dabei deckt man die Wunde mit einer sterilen Wundauflage ab, legt eine vollständige Mullbinde darauf und umwickelt das verletzte Körperteil mit einem Verband. Sollte sich ein Fremdkörper in der Wunde befinden (zum Beispiel Stichverletzung durch einen Nagel), bleibt dieser in der Wunde. Man verbindet die Verletzung um den Fremdkörper herum, damit dieser nicht weiter in die Wunde gedrückt wird. Der Arzt kann auf diese Weise die Verletzung besser beurteilen und effektiver behandeln.
Nur in Ausnahmefällen wird ein Körperteil mit einer stark blutenden Verletzung abgebunden. Das Abbinden erfolgt in der Regel dann, wenn ein Druckverband nicht möglich ist, also bei einer Schlagaderverletzung oder Abriss einer Gliedmaße. Hierzu muss unbedingt der Zeitpunkt notiert werden, wann die Verletzung abgebunden wurde.

Die Bekämpfung des Schockzustandes

Starke Blutungen, aber auch stumpfe Verletzungen und allein das Geschehen eines Unfalls können einen Schock auslösen. Dieser kann zu Kreislaufversagen führen, was eine lebensbedrohliche Situation darstellt. Der Schock zeigt sich durch rasenden Puls, Blässe, kaltschweißige Haut, Frieren und Zittern.
Der Patient sollte nicht allein gelassen werden, beruhigende Worte sind wichtig. Eine beruhigende Wirkung erzielt man auch, wenn man die Hand des Verunglückten hält, weil sie Nähe und Sicherheit vermittelt. Man muss versuchen, den Patienten durch Ansprechen bei Bewusstsein zu halten. Die Beine des Verunglückten werden beim Schockzustand hochgelagert, damit die Blutreserven in den Beinen mobilisiert werden können. Außerdem deckt man den Patienten warm ein, denn in der Regel frieren die Verunglückten im Schockzustand.

Verdacht auf Knochenbruch

Bei Stürzen vom Pferd kann es leicht zu einem Knochenbruch kommen. Nicht selten sind Arme und Schultern betroffen, häufig ist das Schlüsselbein gebrochen. Je nach Unfallhergang können aber auch Beine oder Rippen in Mitleidenschaft gezogen werden.
Der Knochenbruch wird durch eine Deformation der betroffenen Gliedmaße erkannt, es kann aber auch zu offenen Brüchen kommen, wobei möglicherweise Knochenspitzen aus der Wunde ragen. Offene Brüche versorgt man mit einer sterilen Abdeckung, ansonsten wird die Gliedmaße ruhiggestellt. Man kann den Bruch mit der Umlagerung von zusammengerollten Decken in vorgefundener Lage am Boden stabilisieren. Steine, starke Äste oder ähnliches können ebenfalls zur

Stabilisierung der verletzten Gliedmaße beitragen. Das Schienen und den Transport von derart verletzten Personen überlässt man am besten dem Rettungsdienst.

Besteht der Verdacht auf Verletzungen (Wirbelbruch) der Wirbelsäule, sollte man den Verletzten möglichst nicht bewegen, solange er bei Bewusstsein ist. Wirbelsäulenverletzungen können beispielsweise vorliegen, wenn der Verunglückte Schmerzen im Wirbelsäulenbereich hat oder über Gefühllosigkeit in den Beinen klagt.

ERSTE HILFE-MASSNAHMEN BEIM PFERD

Der Pferdebesitzer sollte nicht nur Erste Hilfe-Maßnahmen beim Menschen, sondern auch beim Pferd ergreifen können. Tierärzte oder Tierkliniken können am besten anhand von Seminaren das Wissen und Können hierzu vermitteln. Im Prinzip gelten dieselben Maßnahmen der Ersten Hilfe wie man sie beim Menschen gelernt hat, auch beim Pferd. So werden beispielsweise Blutungen ebenfalls mit einem Druckverband gestillt. Allerdings lassen sich die Behandlungsschritte beim Menschen nicht immer auch auf Pferde übertragen. Pferde können bei Schmerzen wild um sich schlagen, so dass eine Behandlung nicht immer ungefährlich ist. Auch verschiedene Krankheiten, die bei Pferden häufig auftreten, gibt es beim Menschen nicht oder zumindest nur in anderer Form. Die zutreffenden Maßnahmen sind bei den jeweiligen Kapiteln über Krankheiten bereits beschrieben worden. Jedem Pferdebesitzer ist aber anzuraten, beispielsweise das Anlegen von Verbänden sowie das Puls- und Fiebermessen bereits am gesunden Pferd zu üben, damit es im Notfall funktioniert und das erkrankte oder verletzte Tier auf diese Weise die notwendige Hilfe erfahren kann.

Vorbeugen ist besser als heilen

Am besten ist es natürlich, wenn sich das Pferd erst gar nicht verletzt. Deshalb sollte man als Pferdebesitzer immer Vorsicht walten lassen und versuchen, mögliche Unfälle und Erkrankungen von vorne herein auszuschließen.

Hierzu gehört in erster Linie das Wissen um die natürlichen Bedürfnisse des Vierbeiners, das Krankheiten verhindern hilft. Geht man sorgsam mit dem Tier um, überfordert es beim Reiten nicht und pflegt es entsprechend seiner natürlichen Veranlagung, werden Krankheiten nur selten auftreten. Die richtige Fütterung spielt dabei eine große Rolle, aber auch die artgerechte Haltung in einem offenen Stall mit viel Bewegung und Kontakt zu Artgenossen.

Auch beim täglichen Umgang lassen sich viele Unfälle vermeiden, wenn man umsichtig handelt. Niemals sollte man ein Pferd an bewegliche Gegenstände anbinden wie beispielsweise Boxentüren. Ungenügend fest verankerte Anbinderinge oder -balken können großes Unheil anrichten, wenn sich das Pferd losreißt. Erschrickt das Pferd und zieht beispielsweise einen lockeren Anbindepfosten aus dem Boden, wird es ihn in Panik hinterherschleifen und kann sich dabei schwer verletzen. Ebenso können sich falsch angebundene Pferde verletzen, wenn sie in einen zu langen Strick treten oder am zu kurz befestigten Anbindeseil Panik bekommen.

Das konsequente Gehorsamstraining der Westernreiter (beispielsweise ruhiges Stehen beim Putzen, Satteln und Aufsitzen) macht nicht nur den Umgang mit dem Vierbeiner einfacher, sondern beugt auch Verletzungsgefahren für Reiter und Pferd vor.

13. Die Prüfung

Die Prüfung

Theorie
und Praxis.

Fragen zum Thema
Pferdekunde:
Fütterung, Pflege und
Haltung,
Krankheiten des Pferdes,
Ausrüstung,
Ausbildung und
Reitlehre,
Reiten im Gelände,
Tierschutz,
Erste Hilfe.
Praktische Prüfung:
Horsemanship.
Trail.
Gelände.

*Keine Angst vor der Prüfung!
Wenn man sich gut vorbereitet
hat, muss man nicht nervös
werden.*

13. Theorie

Die theoretische Prüfung

In der theoretischen Prüfung wird ein umfangreiches Grundwissen über Reiten und Pferde verlangt, das jedem Reiter und Pferdefreund als Basis für den Umgang mit dem Vierbeiner dienen soll. Obwohl der Stoff bereits sehr umfangreich ist, gibt es noch viel mehr zu lernen und ergründen, das einem im täglichen Umgang mit dem Pferd nützlich sein kann. Deshalb sollte man nicht mit der abgeschlossenen Prüfung alle Bücher zur Seite legen, sondern immer wissensdurstig bleiben und stets bestrebt sein, das Beste für sein Pferd zu erreichen.

Die theoretischen Kenntnisse werden in der schriftlichen und mündlichen Prüfung abgefragt. In der schriftlichen Prüfung wählt der Prüfer 20 Fragen aus einem von der EWU erstellten Fragenkatalog aus, von denen man 15 Fragen richtig beantwortet haben muss, um den Prüfungsteil zu bestehen. In der mündlichen Prüfung werden drei Befragungsschwerpunkte gelegt: 1. Sattel und Zaumzeug, 2. Pferdekunde und -pflege, 3. Restliche Themen. Zwei Schwerpunkte müssen hiervon bestanden werden, wobei drei bis fünf Personen in einer Gruppe gemeinsam geprüft werden. In der mündlichen Prüfung kann der Prüfer die Beantwortung der Fragen anhand von Demonstrationsbeispielen am Pferd oder in der Sattelkammer verlangen. So kann es vorkommen, dass der Prüfer den Reitabzeichenanwärter auffordert, am Pferd zu demonstrieren, wie und wo der Puls gemessen wird oder zu zeigen, wo das Schlüsselbein sitzt (Achtung! Das Pferd hat kein Schlüsselbein, also nicht verunsichern lassen!).

Die nachfolgenden Testfragen stellen einen kleinen Teil der in der theoretischen Prüfung möglicherweise vorkommenden Fragen dar. Sie sollen dem Leser ermöglichen, sein Wissen stichprobenartig zu überprüfen.

Fragen zum Thema Pferdekunde

Wieviele Wirbel hat ein Pferd und wie nennt man die einzelnen Wirbelgruppen?
(Die Wirbelsäule des Pferdes besteht aus insgesamt 54-57 Wirbel, davon 7 Halswirbel, 18 Rückenwirbel, 6 Lendenwirbel, 5 Kreuzwirbel, 18-21 Schweifwirbel.)

Wo befindet sich das Hinterfußwurzelgelenk des Pferdes und aus wievielen Knochen besteht es?
(Das Hinterfußwurzel-, Sprung- oder Tarsalgelenk befindet sich oberhalb der Röhre der Hintergliedmaße und besteht aus sechs einzelnen Knochen.)

Wofür steht der englische Ausdruck „knee"?
(Als „knee" wird im Englischen das Vorderfußwurzel- oder Karpalgelenk bezeichnet.)

Wieviel Feuchtigkeit kann der Strahl und die Hufwand speichern?
(Der Strahl kann etwa 40 Prozent Feuchtigkeit speichern und der Hufmantel etwa 20 Prozent.)

In welchem Zeitraum wird der Huf aufgrund seines Wachstums vollständig erneuert?
(Der Huf wächst etwa neun bis 12 Millimeter im Monat, wonach er sich in etwa einem Jahr vollständig erneuert.)

Wann beginnt das Pferd mit dem Zahnwechsel?
(Das Jungpferd beginnt mit 2 1/2 Jahren als erstes die Zangen zu wechseln.)

Fragen zum Thema Fütterung, Pflege, Haltung

Nennen Sie zwei wesentliche Eigenschaften des Pferdes, die bei der Pferdehaltung berücksichtigt werden müssen!
(Das Pferd ist ein Herden- und ein Fluchttier. Das Tier muss also genügend Bewegungsfreiheit haben und mit Artgenossen zusammen leben können.)

13. Theorie

Welches Maß soll bei der Seitenlänge einer Box nicht unterschritten werden?
(Das Mindestmaß für die Seitenlänge einer Box beträgt drei Meter.)

Warum kann ein Pferd nicht erbrechen?
(Der Schlundkopf kann sich nur in Richtung Magen öffnen, genauso wie der Schließmuskel am Magen.)

Welchen Wasseranteil hat Weidegras?
(78 bis 85 Prozent.)

Ist Hahnenfuß in frischem Zustand oder als Heu giftig?
(Hahnenfuß ist in frischem Zustand giftig, als Heu getrocknet allerdings hat er die Giftstoffe verloren.)

Wieviel Liter Wasser benötigt ein etwa 450 kg schweres Pferd täglich?
(Der Wasserverbrauch eines 450 kg schweren Pferdes beträgt etwa 30 bis 35 Liter am Tag. Der Bedarf an Wasser schwankt jedoch je nach Jahreszeit, Fütterung und Rasse.)

Warum sollten Offenstallpferde nicht übermäßig geputzt werden?
(Beim ausgiebigen Putzen kratzt man die Fettschicht von der Haut des Pferdes, die gegen Nässe und Kälte schützt.)

Fragen zu Krankheiten des Pferdes

Was bedeutet die Abkürzung PAT? Nennen Sie hierzu die Normalwerte beim ausgewachsenen Pferd!
(PAT bedeutet: Puls, Atmung, Temperatur; Puls: 28-40 pro Minute, Atmung: 8-16 pro Minute, Temperatur: 37,5 bis 38,2 Grad Celsius.)

Welche Symptome können bei einer Vergiftung auftreten?
(Das Pferd kann Koliksymptome zeigen, weitere Anzeichen sind wankender Gang, Kreislaufversagen, Durchfall, Atemnot, Nasenbluten, Apathie, hoher Puls.)

Was versteht man unter einer Hufrollenentzündung?
(Der zwischen der tiefen Beugesehne und dem Strahlbein liegende Schleimbeutel wird gequetscht, worauf sich dieser entzündet. In Folge davon wird der Knorpel des Strahlbeins und schließlich das Strahlbein selbst angegriffen.)

Wieviele Gewährsmängel gibt es und wie heißen sie?
(Es gibt sechs Gewährsmängel: Dummkoller, Dämpfigkeit, Rotz, Periodische Augenentzündung, Kehlkopfpfeifen und Koppen.)

Fragen zur Ausrüstung

Nennen Sie die besonderen Merkmale eines Cuttingsattels!
(Tiefer, aber flacher Sitz, hohes Horn, Oxbow-Steigbügel)

Wie heißen die fünf Gurtungspositionen beim Westernsattel?
(full, 7/8, 1/2, 5/8, center fire)

Wie unterscheiden sich Trensengebisse von Stangengebissen in ihrer Wirkungsweise?
(Trensengebisse übertragen die Zugstärke der Reiterhand direkt auf das Pferdemaul, bei Stangengebissen wird der Zug über eine Hebelarmwirkung um ein Vielfaches verstärkt.)

Nennen Sie zwei gebisslose Zäumungen, die hauptsächlich zur Jungpferdeausbildung verwendet werden?
(Bosal-Hackamore und Side pull.)

Fragen zur Ausbildung und Reitlehre

Wie teilt sich das Pferd in erster Linie seinen Artgenossen mit?
(Hauptsächlich durch seine Körpersprache, die sich aus bestimmten Körperpositionen und Mimiken zusammensetzt.)

Welche Vorteile hat die Ausbildung im Round pen?
(Das Pferd kann sich in keine Ecke verkriechen und lernt, sich ohne Hilfsmittel entsprechend der Zirkellinie zu biegen.)

In welchen Gangarten kommt eine gleichzeitig auffußende diagonale Zweibeinstütze vor?
(Im Trab und im Galopp.)

Welche Hilfen haben beim Westernreiten Priorität?
(Die Stimm- und Gewichtshilfen.)

Fragen zum Reiten im Gelände

Welche Länge darf ein Reiterverband im Straßenverkehr haben?
(Höchstens 25 Meter, das entspricht in der Regel einer Gruppe von 16 Reitern, die paarweise hintereinander reiten.)
Ist der Reiter im Straßenverkehr den Fußgängern oder den Fahrzeugen gleichgestellt?
(Der Reiter ist den Fahrzeugen gleichgestellt.)
In welcher Gangart reitet man steile Wege hinauf?
(Steigungen werden immer im Schritt geritten.)

Fragen zum Tierschutz

Wie kann der Reiter aktiven Tierschutz ausüben?
(Indem er sich entsprechendes Wissen über artgerechte Tierhaltung und Umgang aneignet, danach handelt und sein Wissen an andere weitergibt.)
Welche Ursachen kommen häufig in Betracht, wenn Pferde überfordert werden?
(Ungeduld des Reiters und übertriebener Ehrgeiz.)
Welche Pferdehaltungsformen sind tierschutzwidrig?
(Die Ständerhaltung und die permanente Boxenhaltung, wenn kein zusätzlicher Auslauf und Kontakt zu Artgenossen angeboten wird.)

Fragen zur Ersten Hilfe

Welche Angaben müssen beim Notruf durchgegeben werden?
(Was geschah? Wo ist es geschehen? Wieviele Verletzte gibt es? Welche Art von Verletzungen liegen vor? Wer meldet den Unfall? Außerdem darf man nicht vergessen, auf Rückfragen zu warten.)
Wie wird der Schockzustand bekämpft?
(Den Verletzten beruhigen, warm eindecken und Beine hochlagern.)
Was ist beim Anbinden von Pferden zu beachten, um Unfälle vorzubeugen?
(Das Pferd muss hoch genug, nicht zu kurz oder zu lang und mit Sicherheitsknoten angebunden werden. Es darf nicht an bewegliche Gegenstände, z.B. Türen oder in der Nähe von verletzungsträchtigen Gegenständen wie beispielsweise Mistgabeln angebunden werden.)

DIE PRAKTISCHE PRÜFUNG

Man muss sich im Klaren sein, dass bestimmte reiterliche Vorkenntnisse die Voraussetzung darstellen, um das Westernreitabzeichen bestehen zu können. Das Niveau ist etwa der Einsteigerklasse auf Turnieren gleichzusetzen, obwohl dieser Vergleich aufgrund der unterschiedlich erbrachten Leistungen in dieser Klasse hinken muss. Des weiteren ist das Niveau in der Einsteigerklasse in den letzten Jahren stark angestiegen. Es gelten bei der Prüfung des Westernreitabzeichens aber die Vorschriften des EWU-Regelbuchs der Einsteigerklasse über Ausrüstung, Zäumung und Zügelführung.

Grundsätzlich sollte man sein Pferd auch in schwierigen Situationen unter Kontrolle halten und einen guten Equitationsitz zeigen können. Die Fachübungsleiter, welche die Reitabzeichenkurse abhalten, sind von der EWU angehalten, nur Prüflinge zur Prüfung zuzulassen, die auch gute Chancen haben, diese zu bestehen. Beim Sichtungsreiten zu Beginn des Kurses wird der Übungsleiter deshalb bereits Empfehlungen aussprechen, die man beherzigen und gegebenenfalls auf die Prüfung zu diesem Zeitpunkt noch verzichten sollte, wenn das reiterliche Niveau noch nicht ausreicht. Es ist nicht möglich, während der

13. PRAXIS

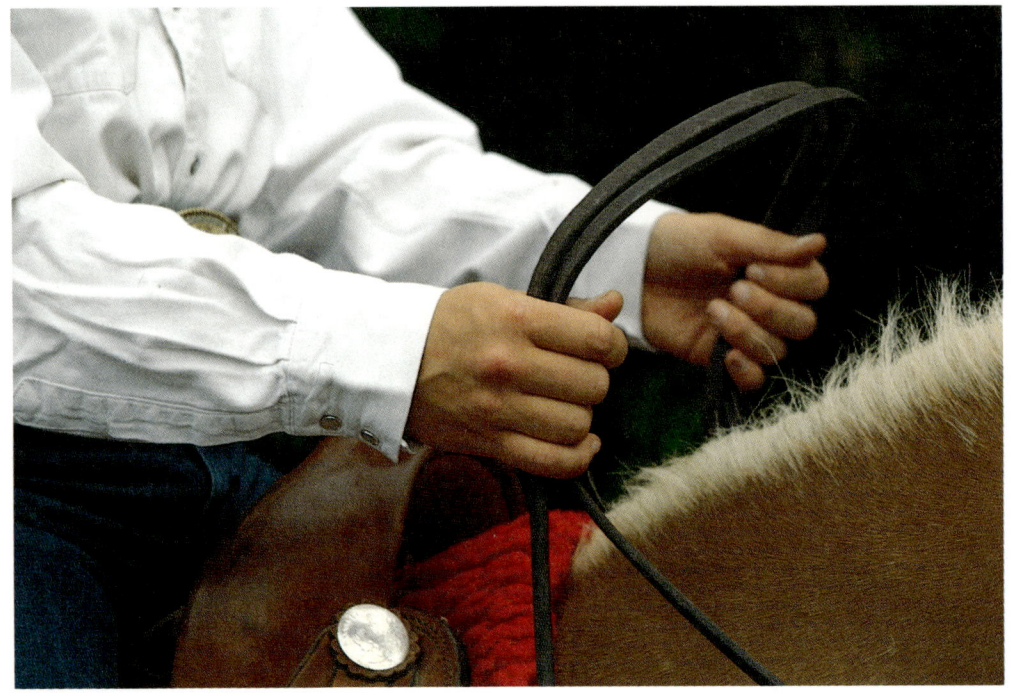

Die Zügelführung erfolgt beidhändig, wenn das Pferd auf Trense gezäumt ist.

wenigen Tage des Vorbereitungskurses das Reiten soweit zu erlernen, um die Prüfung zu bestehen. Es kann lediglich an Feinheiten gearbeitet werden, die Basis aber muss der Reiter bereits mitbringen. Die praktische Prüfung besteht aus drei Teilen: Der Horsemanship, dem Trailparcours und einer Geländeprüfung. Hiervon müssen mindestens zwei Prüfungsteile bestanden werden. Der Reiter muss dabei in allen Prüfungsteilen dasselbe Pferd reiten.

Die Horsemanship

Die EWU bietet für die Horsemanship-Prüfung zwei verschiedene Pattern an. Der Prüfer wird in der Regel in Absprache mit dem Kursleiter eine Pattern auswählen, die in der Prüfung geritten werden muss. In der Horsemanship-Prüfung kommt es in erster Linie darauf an, einen guten Sitz und feine Einwirkung auf das Pferd zu zeigen. Das Pferd soll willig und sensibel reagieren, dass eine harmonische Vorstellung möglich ist.

Verlangt werden in beiden Pattern alle drei Grundgangarten Schritt, Trab und Galopp (Links- und Rechtsgalopp), wobei das Pferd sich gut tragen sollte, und die Übergänge exakt geritten werden müssen. Saubere Zirkel sowie punktgenaues Reiten bringen Pluspunkte. Auch das Rückwärtsrichten wird verlangt, wobei bestimmte Schrittzahlen vorgeschrieben sind. Je nach Pattern kann auch eine Hinterhandwen-

13. PRAXIS

Die einhändige Zügelführung ist vorgeschrieben, wenn das Pferd eine Stangenzäumung trägt.

dung gefordert sein, ein einfacher Galoppwechsel sowie das Angaloppieren aus dem Schritt.

Der Trail

Im Trailparcours sind sechs Hindernisse zu überwinden, wobei entgegen der Turniervorschrift das Tor kein Pflichthindernis ist. Die Aufgaben und Hindernisse sucht der Prüfer – wiederum normalerweise in Zusammenarbeit mit dem Kursleiter – aus. Hierbei müssen mindestens drei Hindernisse absolviert werden, um die Prüfung noch zu bestehen. Zwischen den Hindernissen sind die Gangarten vorgeschrieben, und meistens möchten die Richter auch alle drei Grundgangarten sehen. Ein Prüfungsparcours kann beispielsweise aus einer Brücke, einem Tor, Überreiten einer Plane, rückwärtiges Durchreiten eines Stangen-L, Übersetzen eines Klappersacks von einer Tonne auf eine andere und Überreiten von vier Stangen im Trab bestehen. Seitwärtshindernisse und extrem schwierige Passagen sind nicht vorgesehen.

Die Bewertung des Trailparcours erfolgt bei der Reitabzeichen-Prüfung in gleicher Form wie auf einem Turnier. Das Pferd sollte aufmerksam und willig an die Hindernisse herangehen und fähig sein, den Weg selbständig durch ein Hindernis zu finden, wenn die Aufgabenstellung dies zulässt. Ansonsten sollte es auf die feine Hilfengebung des Reiters gehorsam reagieren.

13. Praxis

Exakte Hilfengebung und ein guter Sitz sind bei der Horsemanship-Prüfung wichtig.
Zur Beachtung: In der Prüfung ist Turnierkleidung vorgeschrieben!

Die Geländeprüfung

In der Gelände-Prüfung sind ein Gruppenritt und Einzelaufgaben vorgesehen. Die Gruppe sollte in allen drei Grundgangarten in einer Pferdelänge Abstand hintereinander reiten können, ohne dass ein Reiter überholt oder zurückbleibt. Die Kontrolle über die Pferde muss dementsprechend vorhanden sein. Die Prüfungsteilnehmer müssen ebenso paarweise nebeneinander reiten können.

In der Gruppe muss eine Straße überquert werden – je nach vorhandener Situation ist auch eine Straßenüberkreuzung mit Absicherung möglich. Dabei sind die Handzeichen und Kommandos während des Vorbereitungskurses einzuüben und die günstigste Konstellation der Reiterpaare auszuprobieren, damit der Gruppenritt in der Prüfung harmonisch abläuft.

Die Richter können auch verlangen, dass die Reiter gegeneinander reiten, überholen und sich einzeln von der Gruppe entfernen. Der einzelne Reiter muss sich bis außer Sichtweite von der Gruppe trennen und schließlich in ruhigem Schritttempo wieder zurückreiten. Aber auch das Zurückbleiben hinter der Gruppe kann gefordert sein, wobei das einzelne Pferd der Gruppe ruhig entweder im Schritt folgen oder stehenbleiben muss. Gerne prüfen die Richter auch Geländehindernisse wie Wasserdurchritt oder extreme Steigungen und Abhänge, wenn es das Gelände zulässt.

13. Praxis

Übungsaufgabe für die Horsemanship-Prüfung

Einreiten in der Mitte der kurzen Seite im Schritt,
bei X antraben,
ganze Bahn linker Hand,
bei A zur Mittellinie abwenden,
konsequenter Stop bei X,
eine Viertel Hinterhandwendung nach links,
fünf Sekunden ruhig stehen,
auf dem rechten Zirkel antraben,
eine Runde,
bei X im Rechtsgalopp angaloppieren,
eine Runde,
bei X durchparieren zum Trab und eine Runde Zirkel links,
Volte im Trab bei A,
Mitte der nächsten langen Seite durchparieren zum Trab,
einen halben Zirkel links,
Volte im Trab bei A,
Mitte der nächsten langen Seite durchparieren zum Schritt,
bei C Halten,
5 Schritte rückwärts richten.

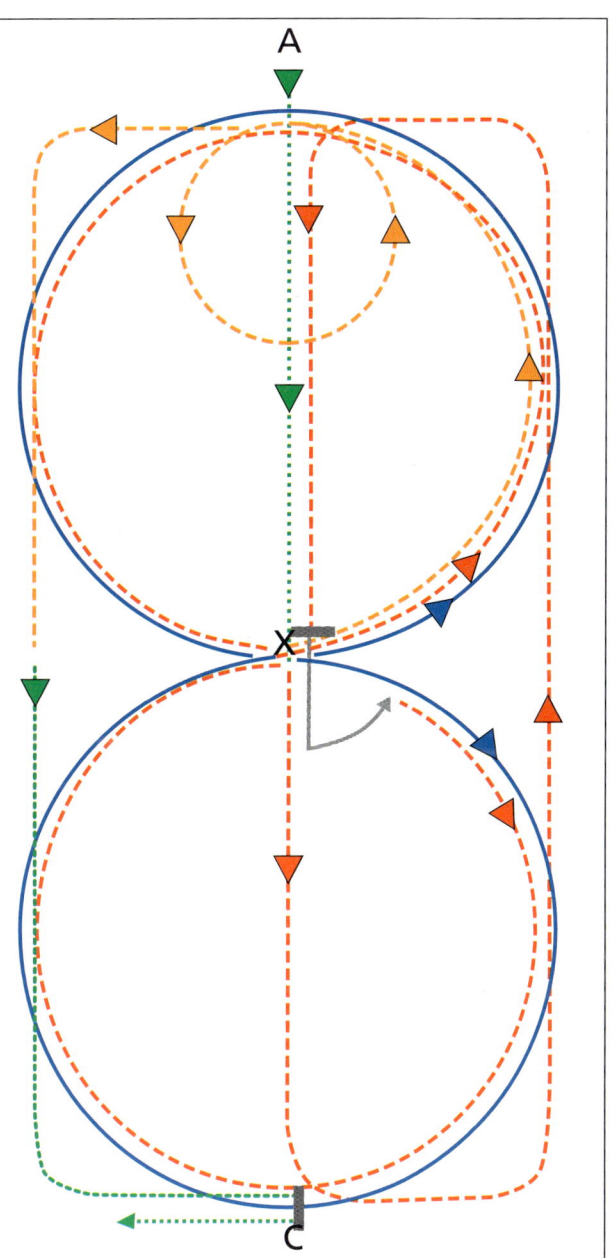

13. PRAXIS

Während des Vorbereitungskurses kann noch an den Hindernissen geübt werden, um die Pferde damit vertraut zu machen.

Die Geländeprüfung ist nicht auf die leichte Schulter zu nehmen, vor allem dann nicht, wenn man nicht gewohnt ist, in größeren Gruppen zu reiten. Manche Pferde werden dabei nervös und beginnen zu drängeln, allerdings fühlen sich andere wieder sehr wohl innerhalb einer Gruppe. Für die meisten ist eine Gruppe von etwa zehn Reitern, die bei Reitabzeichen-Prüfungen aufeinandertreffen, eine ungewohnte Situation, die in der Praxis manchmal problematisch werden kann. Es ist darum ratsam, vor Anmeldung zum Westernreitabzeichen nach Möglichkeit das Verhalten des Pferdes innerhalb einer größeren Gruppe schon im Vorfeld zu üben. Wenn Reiter und Pferd gut vorbereitet in den Vorbereitungskurs und schließlich in die Prüfung gehen, werden alle Strapazen, die der Kurs und das Lernen mit sich bringen, von Spaß und Freude während der Kurstage übertroffen werden.

13. Praxis

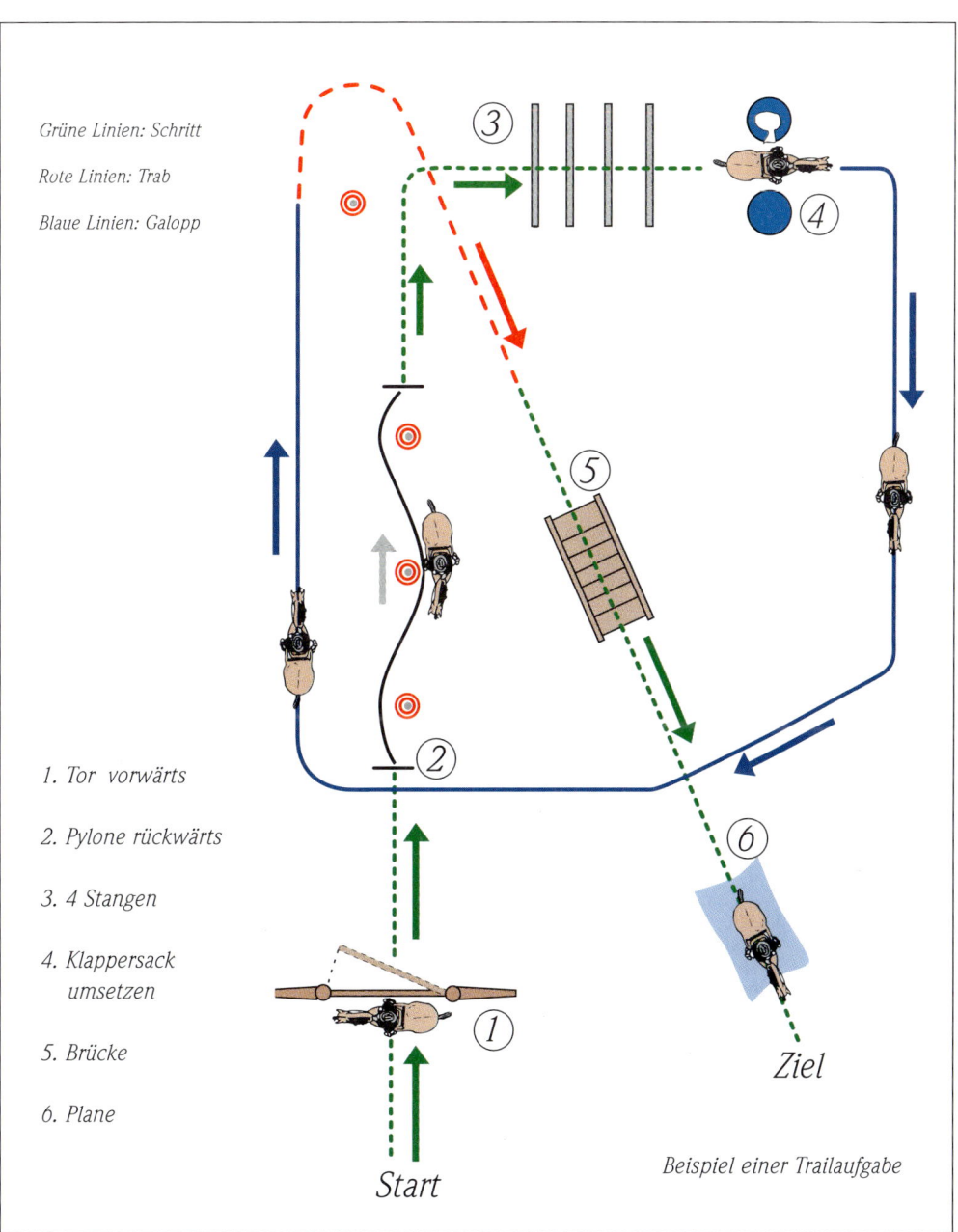

Beispiel einer Trailaufgabe

14. Literatur

Anhang

Weiterführende Literatur

Bartz, Jürgen;
Bis der Tierarzt kommt,
1996, Kosmos-Verlag Stuttgart

Buurman-Paul/Paul;
Moderne Pferdezucht und Haltung,
1991, BLV-Verlag München

Diacont, Kerstin;
Besser Westernreiten
mit George Maschalani,
1996, BLV-Verlag München

Ettl, Renate;
Pferde naturgemäß
und artgerecht halten,
1998, BLV-Verlag München

Ettl, Renate;
Reiten in der freien Natur,
1997, BLV-Verlag München

Ettl, Renate;
Modernes Trail-Training,
1997, Müller-Rüschlikon Verlag
Cham (Schweiz)

Ettl, Renate;
Western Basics –
Die Grundausbildung,
1998, Müller Rüschlikon Verlag
Cham (Schweiz)

Ettl, Renate;
Western-Training für Umsteiger,
1997, Müller Rüschlikon Verlag
Cham (Schweiz)

Ettl, Renate;
Cutting – Mit Rindern arbeiten,
1998, Müller Rüschlikon Verlag
Cham (Schweiz)

Ettl, Renate;
Das Einmaleins der Hufpflege,
1997, Kosmos-Verlag Stuttgart

EWU Regelbuch;
EWU, Wallenbrücker Str. 24,
49328 Melle-Riemsloh

Gold, Manfred;
Der Pferdewirt,
1995, BLV-Verlag München

Handbuch
Westernreiten Reitabzeichen;
1995, EWU, Wallenbrücker Str. 24,
49328 Melle-Riemsloh

Kreinberg, Peter;
Handbuch
für das Westernreiten 1+2,
1989, Siegmund Verlag Moisburg

Straiton, Edward C.;
Pferdekrankheiten erkennen
und behandeln,
1973, BLV-Verlag München

15. Die ethischen Grundsätze

Grundsatz Eins
Wer auch immer sich mit dem Pferd beschäftigt, übernimmt die Verantwortung für das ihm anvertraute Lebewesen.

Grundsatz Zwei
Die Haltung des Pferdes muss seinen natürlichen Bedürfnissen angepasst sein.

Grundsatz Drei
Der physischen wie psychischen Gesundheit des Pferdes ist unabhängig von seiner Nutzung oberste Bedeutung einzuräumen.

Grundsatz Vier
Der Mensch hat jedes Pferd gleich zu achten, unabhängig von dessen Rasse, Alter und Geschlecht sowie Einsatz in Zucht, Freizeit oder Sport.

Grundsatz Fünf
Das Wissen um die Geschichte des Pferdes, um seine Bedürfnisse, sowie die Kenntnisse im Umgang mit dem Pferd sind kulturgeschichtliche Güter. Diese gilt es zu wahren und zu vermitteln und nachfolgenden Generationen zu übermitteln.

15. Die ethischen Grundsätze

Grundsatz Sieben

Der Mensch, der gemeinsam mit dem Pferd Sport betreibt, hat sich und das ihm anvertraute Pferd einer Ausbildung zu unterziehen. Ziel jeder Ausbildung ist die größtmögliche Harmonie zwischen Pferd und Mensch.

Grundsatz Sechs

Der Umgang mit dem Pferd hat eine persönlichkeitsprägende Bedeutung gerade für junge Menschen. Diese Bedeutung ist stets zu beachten und zu fördern.

Grundsatz Acht

Die Nutzung des Pferdes im Reit-, Fahr- und Voltigiersport muß sich an seiner Veranlagung, seinem Leistungsvermögen und seiner Leistungsbereitschaft orientieren. Die Beeinflussung des Leistungsvermögens durch medikamentöse sowie nicht pferdegerechte Einwirkung des Menschen ist abzulehnen und muss geahndet werden.

Grundsatz Neun

Die Verantwortung des Menschen für das ihm anvertraute Pferd erstreckt sich auch auf das Lebensende des Pferdes. Dieser Verantwortung muss der Mensch stets im Sinne des Pferdes gerecht werden.

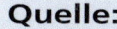

Quelle:

„Die ethischen Grundsätze des Pferdefreundes" wurden 1995 von der Deutschen Reiterlichen Vereinigung (FN) erarbeitet und vom Verbandsrat verabschiedet.

Mehr Freude am Reiten.

Kerstin Diacont
**Das Westernpferd –
Der Westernreiter**
Ausrüstung, Haltung und
Ausbildung
Einfühlsame, verhaltensgerechte
und folgerichtige Ausbildung
des Pferdes; westernspezifische
Minimalhilfengebung, Sitz und
Einwirkung des Reiters in den
Grundgangarten; Verstehen der
natürlichen Verhaltensweisen
und Reaktionen des Pferdes.

Kerstin Diacont
**Besser Westernreiten
mit George Maschalani**
Für den fortgeschrittenen
Westernreiter mit Turnierambitionen: alle Fragen der Ausbildung und des Trainingsaufbaus
im Hinblick auf den Turniereinsatz mit Fehleranalysen und
Problemlösungen für die einzelnen Prüfungsanforderungen.

Kerstin Diacont
**Was die Cowboys noch
wußten**
Einfache und effektive Methoden für artgerechte Haltung
und harmonischen Umgang
mit dem Pferd, Basisausbildung
an der Hand, Reiten mit minimalen Hilfen, Praxistips.

Werner Poscharnigg
Western-Freizeitreiten
Vom Basis-Know-how bis zur
hohen Schule im Gelände
Die neue Dimension des Westernreitens – ohne Leistungsdruck, mit fundiertem Wissen
und Liebe zum Pferd: die harmonische Synthese von Ausbildung in der Reitbahn, Freizeitreiten und Training im Gelände.

Im BLV Verlag finden Sie Bücher zu folgenden Themen: Garten und Zimmerpflanzen • Wohnen und Gestalten • Natur • Heimtiere • Jagd • Angeln • Pferde und Reiten • Sport und Fitness • Tauchen • Reise • Wandern, Alpinismus, Abenteuer • Essen und Trinken • Gesundheit und Wohlbefinden

Wenn Sie ausführliche Informationen wünschen, schreiben Sie bitte an:
BLV Verlagsgesellschaft mbH • Postfach 40 03 20 • 80703 München
Telefon 089/127 05-0 • Telefax 089/127 05-543